让孩子们心动的故事

Say gooodbye to laziness

和懒惰说拜拜

燕子 主编

哈爾濱工業大學出版社
HARBIN INSTITUTE OF TECHNOLOGY PRESS

图书在版编目(CIP)数据

和懒惰说拜拜 / 燕子主编. — 哈尔滨：哈尔滨工业大学出版社，2016.1
（让孩子们心动的故事）
ISBN 978-7-5603-5398-2

Ⅰ. ①和… Ⅱ. ①燕… Ⅲ. ①童话 – 作品集 – 世界
Ⅳ. ①I18

中国版本图书馆 CIP 数据核字（2015）第 114392 号

让孩子们心动的故事

和懒惰说拜拜

策划编辑　甄淼淼
责任编辑　张　瑞
文字编辑　葛文婷　苗　青
装帧设计　麦田图文
美术设计　Suvi zhao　蓝图
出版发行　哈尔滨工业大学出版社
社　　址　哈尔滨市南岗区复华四道街 10 号　邮编 150006
传　　真　0451-86414749
网　　址　http://hitpress.hit.edu.cn
印　　刷　牡丹江邮电印务有限公司
开　　本　889mm × 1194mm　1/32　印张 5　字数 60 千字
版　　次　2016 年 1 月第 1 版　2016 年 1 月第 1 次印刷
书　　号　ISBN 978-7-5603-5398-2
定　　价　16.80 元

嘿，亲爱的你，最近心情怎么样？晴空万里，还是阴云密布？或许你到了有“心事”的年龄了，让我猜猜，都有哪些烦心事呢？

是不是你被家长或者老师说，不合群、不愿与人分享、不爱思考、不愿和人交往、不相信他人、做事情拖拉、不注意安全、不守信用、不自信等等。

嘿，别担心，快翻开这本让无数孩子心动的故事书，神奇的魔力会让懒惰变勤奋、说谎变诚实、懦弱变勇敢、哭泣变微笑……

嘿，成长就是这样，笑对生活，学会分享，让烦恼消失，让快乐回来！

目录

Contents

爱睡懒觉的小象

很久以前，在一片茂密的森林中住着小象波比和他的妈妈，这个波比别提有多懒惰了。即便鸟儿在树梢上传来动听的歌声，太阳升到了天边，鲜花所吐露的芬芳弥漫了整个森林，都不能够使他从睡梦中醒来。看来，这个波比还真是贪睡。

一天，象妈妈对波比说："亲爱的波比，该起床了。"然而波比就好像没听见一样，依旧沉浸在睡梦中。

象妈妈不禁叹了一口气，心想："这森林里

的景色真是太美了，但你却不能够看到。”

一天，正当象妈妈为小象波比的事愁眉不展的时候，一只田鼠走了过来。田鼠问道：“小象妈妈，您到底怎么了？我想您一定是遇到了什么烦恼。”

象妈妈说道：“哎，还不是我的波比，他总是在贪睡，而我却不能够把他叫醒。”

“哦，原来是这样，要是您相信我，我倒是很愿意为您效劳。”田鼠信心满满地说道。

“要是你真能够帮我教育好这个孩子，那我将非常感谢你。”象妈妈诚恳地说。

田鼠掀起波比的耳朵喊道：“波比，请快些起床。”然而，波比只是轻轻地翻了一下身，依然不愿起来。

“哎，这是多么懒的一个孩子，不过我想我可以使你变得勤快。”田鼠说道。

“就让这根草来叫醒你好了。”波比顿时觉得鼻子里痒了起来。原来，是田鼠先生把草叶塞进了波比的鼻子里。

波比想要打喷嚏，却怎么也打不出来。哎哟，原来，草叶已经被田鼠先生系在了波比的鼻子上。“哎，打不出喷嚏的感觉真是难受！”这回，贪睡的波比终于醒了。

他似乎看到了自己鼻子上的那根草叶。正当波比为此感到奇怪的时候，田鼠先生走了过来，对波比说：“波比，你简直太贪睡了，你瞧，这都什么时候了。”

波比不耐烦地说道：“这和你有什么关系？”

“这的确和我没有什么关系，可你的妈妈会为你感到难过，你已经长大了，不是吗？你应该懂得顾及她的感受了。”贪睡的波比听到田鼠先生说的话，心中不禁愧疚起来。

田鼠继续说道："要是你不能够改掉爱睡懒觉的坏习惯，我就将这根草叶一直系在你的鼻子上。"

听了田鼠的话，波比终于想明白了，他说道："田鼠先生，我认识到自己的错误了，我再也不贪睡了。"

"既然你已经知道错了，那我就相信你好了。"田鼠说完便解下了草叶。

后来，波比果真做到了，他再也没有贪睡过，还主动帮象妈妈干活，象妈妈别提有多高兴了。

"爱睡懒觉是人之常情，躺在暖暖的被窝里，做着美梦多舒服呀！为什么象妈妈、田鼠先生，还有您都不让我们睡懒觉呢？"听完这个故事后，孩子问我。

我反问他："为什么正常的睡觉，不是叫睡懒觉呢？什么样的情况叫睡懒觉呢？"

孩子说："睡得时间很长，天大亮了还一直不起来就叫睡懒觉。"

我夸他真是聪明。没错，正常的睡觉是为了好好休息，可是赖在床上不起来就不好了，这是荒废时间的行为，可不能提倡！

日常生活中，我就是这么和孩子沟通的，有问题，尽量让孩子自己思考，这样更能锻炼他的思维能力。

北京市刘俊博妈妈 李雪华

小朋友，关于这个故事你有什么话要说，写到下面吧！

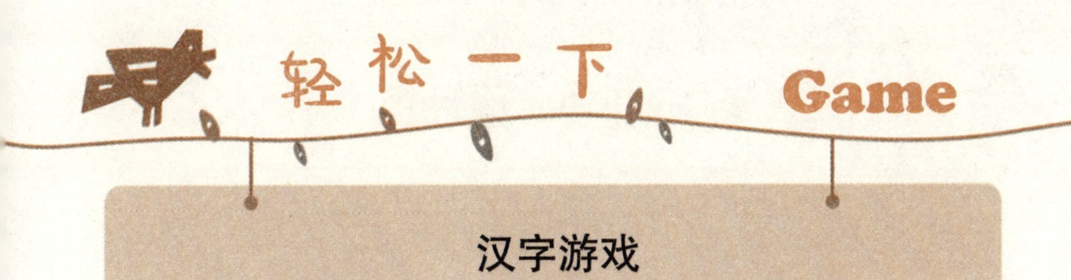

汉字游戏

小象带着几个人来到了森林的象群中，他们站在象群中小象们的旁边，被挤成瘦瘦的一长条。请你数一数，象群里到底有几个人？

蚯蚓和蜜蜂

很久以前，蜜蜂还没有翅膀，也不能够在天上飞，而蚯蚓也不像现在这样在泥土中钻来钻去，他们都有长长的身子，六条腿，看起来像孪生兄弟。

那时候，大地上可以吃的东西很多，有杨梅、野葡萄等各种美味的浆果。蚯蚓和蜜蜂只要略动一动滚圆的身子，张一张嘴巴，便可以饱餐一顿。蚯蚓和蜜蜂吃饱后便整天玩耍，开心极了。

可是渐渐地，大地上可以吃的东西越来越

少，为了找到些吃的东西，蚯蚓和蜜蜂有时候要走很远的路。

有时他们走了很远的路，仍然找不到什么吃的，就只能忍受饥饿的折磨。在挨饿的时候，蜜蜂心里很担忧，而蚯蚓却摆出一副满不在乎的样子。

蜜蜂对蚯蚓说："朋友，我们要想想办法，自己弄点吃的东西才行。"可蚯蚓却说："就凭我们？很难想象得到，我们到底能够做些什么？"

蜜蜂听了蚯蚓的话，心中很受打击，只好默不作声地走到了一边。

又过了一阵子，天空下起了雨，蚯蚓和蜜蜂没有房子，只好跑到一块大石头底下躲了起来。

雨越下越大，很快就把蚯蚓和蜜蜂藏身的那块大石头淹没了，蚯蚓和蜜蜂的腿，早已被雨水打湿了。

滴答滴答……雨仍然在下着，一阵风刮了

过来，蜜蜂被冻得直打哆嗦。他对蚯蚓说道：“朋友,我多么希望我们能够住进一棵树的树洞里面,那样我们就不会淋雨了。”

蚯蚓这时候已经在打瞌睡了,他对蜜蜂说道:“朋友,你总是喜欢瞎想。”

尽管蚯蚓这样说，可蜜蜂却没有灰心,他越想越高兴,又说道:“亲爱的朋友,你说,要是我们能自己动手建造一个房子,用来供我们居住就好了。”

蚯蚓听了蜜蜂的话,摇了摇头说道:“你真是聪明。不过,我们从来都是住在这草叶上或

是石头底下的。自己建造房子，这听起来似乎有些可笑。”

蜜蜂听了蚯蚓的话心里很不高兴，不愿再说什么，但却想试一试。

不知过了多久，天终于晴了。蜜蜂望着大地上湿润的泥土出了神儿，不一会儿就忙了起来。

蜜蜂先是找到一个水坑，把泥土放了进去，随后便用他的腿开始搅拌，不一会原本疏松的泥土就变得结实了起来。蜜蜂开始试着把泥压成一个个小泥片。

小泥片弄好了，蜜蜂又开始尝试着把所有的小泥片合到一起让它们变成一个大泥片。可惜，没等蜜蜂弄完大泥片，小泥片便因水分流失而散开了。

蜜蜂吸取了教训，增加了水分，重新和起了泥，做成小泥片，再做成大泥片。这下终于弄好了大泥片，蜜蜂开始尝试着把大泥片卷起来，让大泥片变成一个圆筒。

可惜，蜜蜂弄了一次又一次，一直没有成功。这时，躲在一旁的蚯蚓哈哈大笑了起来，他神气极了，说道："瞧你，又在胡思乱想了，我就知道你的想法根本不可行。"蜜蜂并没有反驳他。

一次，蚯蚓和蜜蜂一起出门寻找吃的。在路上他们遇到了桃树，桃树对蚯蚓和蜜蜂说道："亲爱的朋友，我多么希望你们能帮我传播花粉，那样我就可以结出果实了。到时候我一定会感谢你们的。"

蚯蚓瞪了桃树一眼，傲慢地说："这和我有什么关系，我才懒得管呢！"蜜蜂心想："这是多么有趣的事，我多想尝试一下啊！"

于是，蜜蜂对桃树说道："我可以试一试吗？"桃树听了他的话，高兴地说："真是要谢谢你了，那你来试试吧！"

这时候躲在一旁的蚯蚓再也待不住了，他

对蜜蜂说："你真是爱多管闲事，我可要走了。"蚯蚓说完便走开了。

而这时的蜜蜂还没有翅膀，想要爬上树不免有些困难。他每爬一次便要摔一次，可每摔一次，背上的绒毛就要颤抖一次。不知过了多久，也不知摔了多少跟头，他背上的绒毛竟然变成了翅膀。慢慢地，蜜蜂会飞了，他很勤劳地传播着花粉。

当蜜蜂在摔跟头的时候，蚯蚓却躲在另一个地方吃着浆果，吃饱后就懒懒地睡上一大觉。

日子一天天过去，蚯蚓仍然像个贪吃鬼一般在吃着浆果，恐怕早已把蜜蜂这个好朋友给忘了。他一点也不知道蜜蜂的变化。

桃树为了感谢蜜蜂为她传播花粉，便把多余的花粉给了蜜蜂，并对他说："花粉可以酿成一种好吃的东西，这种东西叫作'蜜'。"

蜜蜂带着桃树给的花粉飞走了，回去后便酿起了蜜。起初，蜜蜂总是失败，酿出的蜜很难吃，但蜜蜂一点儿也不灰心，他一次又一次地尝试着。后来，他终于成功了。

不知过了多久，蜜蜂又学会了做蜡，并用蜡做成了自己期待已久的房子。因为害怕刮风和下雨，蜜蜂便把房子搬进了树洞中。每天，天一亮蜜蜂便起来了，哪里有需要他的地方，他便飞向哪里。一直工作到天黑才肯停下来。

这时候，蜜蜂变得更漂亮了，也更聪明了。他会的东西越来越多，蚯蚓却还是老样子，仍然在吃着浆果，吃饱了睡，睡醒了再吃。

一天，蜜蜂想起了他的老朋友蚯蚓，想去看看他。可蜜蜂找了半天，也不见蚯蚓的踪影。原来，蚯蚓也变样了，他的身子变得又细又长，腿儿早已不见了，嗓子也哑了，倒是嘴越来越有力，就连土块也能够咬碎。

蜜蜂一边飞，一边大声喊着蚯蚓的名字，蚯蚓听到了，很好奇，心想："这到底会是谁呢？"

只听旁边的小树说道："原来是蜜蜂，也不知道他这是要飞到哪里？"蚯蚓听到蜜蜂来了，一时不好意思起来，钻进一个洞里，哭了起来。

小树听见了他的哭声，便对他说："你别哭了，只要你以后辛勤地劳动，大家都会喜欢你的。"

蚯蚓觉得小树说得对，从此以后，他也变得像蜜蜂一样勤劳起来。他给庄稼松土、施肥，让庄稼年年丰收。就这样，蚯蚓慢慢地获得了大家的认可，得到了大家的喜欢。

蚯蚓和蜜蜂曾经是在同一起跑线上的，后来为什么境遇差别会如此之大呢？

我觉得就是两种动物的行为习惯起了根本性的作用，蚯蚓懒惰、得过且过；而蜜蜂勤劳、踏实肯干、愿意钻研。

我们的孩子，在小的时候不也同样是智力差别不大，站在同一起跑线上吗？长大后，每个孩子的发展却各不相同。

我觉得其中最重要的原因就在于家长对孩子性格的培养。一个勤劳、敢闯敢拼、努力不懈、善于动脑的孩子，无论在何种环境中，都是能够打拼出一片属于自己的天空的。

威海市聂百硕妈妈　耿明慧

小朋友，关于这个故事你有什么话要说，写到下面吧！

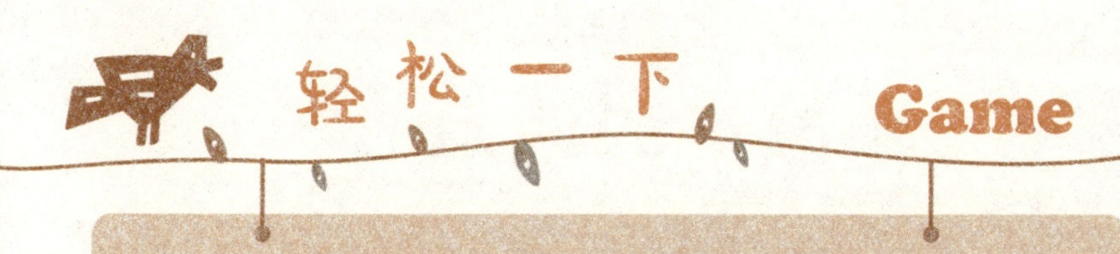

数字的表示

从古至今，有许多种表示数字的方法，快让我们了解一下吧。

阿拉伯数字：1、2、3、4、5、6、7、8、9、10

罗马数字：I、II、III、IV、V、VI、VII、VIII、IX、X

英文数字：one、two、three、four、five、six、seven、eight、nine、ten

小写数字：一、二、三、四、五、六、七、八、九、十

大写数字：壹、贰、叁、肆、伍、陆、柒、捌、玖、拾

特殊数字表示：

廿：niàn，代表数字 20

卅：sà，代表数字 30

卌：xì，代表数字 40

皕：bì，代表数字 200

懒惰的迪尼

很久以前，在森林中坐落着一间木头做成的房子，太阳的光芒使这间房子变得格外美丽。

在这间不大的房子里面住着小熊迪尼一家人。这天，熊爸爸出差了，家里只剩下了迪尼和他的妈妈。这个迪尼别提有多懒惰了，森林中美丽的风景根本吸引不了他的目光，妈妈忙碌的身影也丝毫不能够引起他的注意。

一天，妈妈正在和面，扫帚突然歪歪扭扭地倒在了地上。熊妈妈对迪尼说："亲爱的迪尼,这扫帚就拜托你捡起来了。”

但迪尼却躲了起来,他躲到窗帘后对妈妈说道:“亲爱的妈妈,我不在。”

妈妈感叹道:“哎,我的迪尼竟然连这点小事都不愿意做。”无奈的熊妈妈,只好洗掉手上的面粉,将扫帚捡了起来。

又过了两天,外面滴答滴答地下起了雨。妈妈说道:“亲爱的迪尼,衣服就要被雨淋湿了,拜托你快去把它们收回来。”

但迪尼却说:“妈妈,我什么也没听到!”

妈妈叹了口气,说道:“我的迪尼,你怎么能这样?”无奈的妈妈只好放下已经洗了一半的蔬菜,跑出门去收衣服。

然而,就在熊妈妈和迪尼说话的时候,那些衣服就已经被雨淋湿了。熊爸爸不在家,熊妈妈一个人整天都忙忙碌碌的,可把她累坏了。

终于,有一天,熊妈妈支撑不住,病倒了。“哎,迪尼,你瞧,妈妈病倒了,恐怕再也不会有人给你洗衣服、做饭了，这样的日子你可怎么过呢？”熊妈妈对迪尼说。

起初迪尼依旧很懒惰，但当他看到从前干净整洁的屋子里落满了灰尘，整日只能够穿着脏衣服，就连可口的饭菜都不能够吃到嘴时，他再也待不住了。

熊爸爸没有回来，熊妈妈也依旧病着，只能够躺在床上。懒惰的迪尼心里难过极了，他心想：“哎，都是因为我太懒了，没有替妈妈分担家务，妈妈才会累得病倒了。看来，我真是应该改变自己了。”

迪尼先把自己的脏衣服洗干净了，然后看到地上堆满了垃圾，他又拿起扫帚，开始打扫了起来，不一会地面就变得干净了。做完这些，迪尼觉得还不够，于是他拿起购物篮，上街去买菜，他要自己动手为妈妈做一顿香喷喷的饭菜。

大家看见了都说："迪尼，你真是改变了不少。"躺在病床上的熊妈妈听到后，高兴地笑了。

告诉你们，在迪尼的精心照顾下，熊妈妈的病很快就好了。现在大家都夸迪尼是个勤劳懂事的好孩子。

在熊妈妈累病了，不能再照顾迪尼以后，迪尼才意识到熊妈妈的重要，从此不再懒惰了。

但是迪尼为什么会一直懒惰，直到熊妈妈生病才有所改变呢？

这和熊妈妈一直的纵容是有关系的。熊妈妈每次交代迪尼一些劳动，迪尼都推脱，但是熊妈妈却没有继续坚持，这让迪尼认为：只要推脱，就可以不劳动！

这种过于溺爱的教育方式是不对的，各位家长在平时与孩子的相处过程中，要尤其注意。

齐齐哈尔市燕翔睿妈妈　李云霞

小朋友，关于这个故事你有什么话要说，写到下面吧！

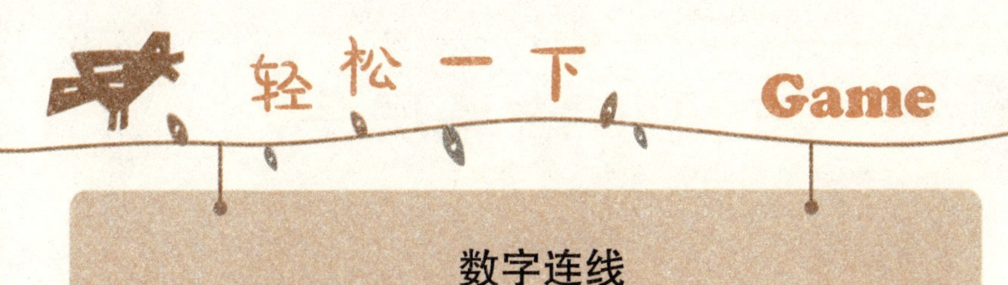

数字连线

你会画恐龙吗？如果画不好，可以试着将下图汉字用一首诗的顺序连接起来，一幅惟妙惟肖的恐龙图就画好了。

《长歌行》

青青园中葵，朝露待日晞。阳春布德泽，万物生光辉。常恐秋节至，焜黄华叶衰。

百川东到海，何时复西归？少壮不努力，老大徒伤悲。

三只小猪盖房子

猪妈妈有三个孩子。老大是一只小黑猪，老二是一只小白猪，老三是一只小花猪。

日子一天天过去，猪妈妈的三个孩子渐渐长大了。他们越长越结实，胖乎乎的看起来十分可爱。望着长大的孩子，猪妈妈满心期待地说道："孩子们，你们已经长大了，可以独立了，该自己出去盖房子住啦！"

三只小猪问道："亲爱的妈妈，盖房子应该用什么东西呢？"猪妈妈笑着回答："能够用来盖房子的东西有很多，稻草、木头、砖都可以。"

三只小猪听完妈妈的话便离开了家。他们走着，走着，看见了一堆稻草。老大很懒，心想：“稻草轻，拿它盖房子省事。于是老大用它盖起了草房。”

老二和老三继续向前走，这回他们看见一堆木头。老二也很懒，心想：“盖木房省事。”于是老二盖起了木房。现在只剩下老三还在继续向前走着。

老三走着，走着，看见了一堆砖头。老三心想：“砖头结实，用来盖房子再合适不过了。”

于是，老三不辞辛苦地盖起了砖房。砖头

很沉，老三为了盖砖房累得浑身酸疼，却依然不愿停下来。不知过了多久，老三的砖房盖好了。看到盖好的房子，老三心里开心不已。

这一天，一只狼肚子饿了，他走下山来想找些吃的。听说山下住着三只小猪，狼心里乐开了花，心想："猪肉一定很美味，我终于可以大饱口福了。"

狼走着走着，看见了一间草房。"咚咚咚"，狼在敲门了。见没有反应，狼只好大声说道："请开开门。"

住在草房里面的小黑猪听出了狼的声音，很害怕，不敢开门。狼见小猪不开门，便用身体去撞，只是轻轻撞了一下，草房便倒了。

小黑猪见房子倒了，急忙跑了出来。他躲进了住在木房的小白猪的家里。"咚咚咚"狼又在敲门了。住在木房里面的小白猪听到敲门声，也不肯把门打开。

狼气愤极了，他狠狠地向房子撞去，没用

一会儿工夫，木房就被撞倒了。小黑猪和小白猪只好一起逃往老三小花猪那里。

狼追到砖房前，大声喊道：“开门，开门！”小黑猪、小白猪、小花猪听出了狼的声音，不肯开门。狼看到门迟迟未开，心里很是气愤，他狠狠地向房子撞去。

这一次狼撞了半天，花了很大的力气，可房子却纹丝未动。狼望着房子，气得直跺脚，吃不到小猪的他，只好无奈地离开了。

狼走后，老大小黑猪和老二小白猪对老三小花猪说道：“刚才那一幕真是太惊险了！草房子和木房子到底不够结实，我们真应该和你一样，盖一间结实牢固的砖房子。”

于是，老大小黑猪和老二小白猪离开老三小花猪的家，重新盖起了砖房。

和爸爸、妈妈一起分享

“妈妈，我们现在住砖房，是不是因为砖头房子最结实，就像小花猪的房子一样？”

我告诉她，猪住的房子是不能和人住的房子相比的，不过砖房确实比其他两种房子结实一些。

孩子又问我，为什么猪住的房子和人住的房子不一样？我告诉她，现实中，猪住在猪圈里，人住在房子里。

之后她开启了“十万个为什么”模式，我告诉她，你可以去自己查找答案，这样会了解得更全面，记忆更深刻的。

看她乐颠颠地去图书馆，我也很开心地打开电脑学习新知识。

天津市任玥妈妈　张立坤

小朋友，关于这个故事你有什么话要说，写到下面吧！

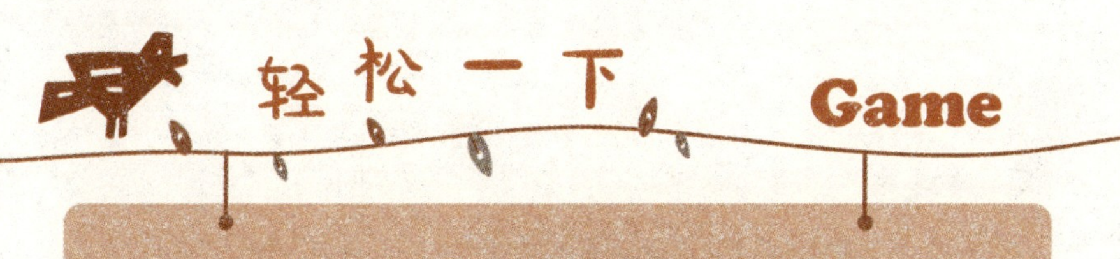

成语接龙

止	于	至	
绝		蜜	贯
不	剑	腹	而
	钓	名	

剑	戟	森	森
蛇	影	影	罗
		绰	
杯	玉	箸	

暖		毛	
衣	不	之	手
饱	果	背	毛
	腹		脚

爱		胆	
憎	张	战	失
分	目	心	惶
	明		惊

小熊拔牙

有一只小熊长得胖乎乎的，看起来十分可爱，要不是因为他有些懒惰，常常忘记刷牙，人们一定会更喜欢他的。

一天，熊妈妈去上班了，家里只剩下小熊。熊妈妈出门前对小熊说道："亲爱的孩子，我就要去上班了，你要照顾好自己，要记得洗脸、刷牙，并且不能吃甜食。"

小熊对妈妈说道："亲爱的妈妈，就请您放心吧，我想您说的事情我都能够做到。"

熊妈妈走后，小熊洗了脸，梳了头，却懒得

刷牙。

一会儿，小熊便觉得肚子饿了，这时候他想起了妈妈买的甜甜的饼干和蜂蜜，忍不住直流口水。

小熊赶紧打开柜子开始找了起来，妈妈的话早已被忘到了九霄云外去了，看到饼干和蜂蜜，小熊心里别提有多高兴了。他立刻大口吃了起来，吃完后，觉得不过瘾，又吃起了棒棒糖。

到了晚上，小熊嘴里含着没吃完的糖便睡

着了！

第二天早晨，小熊觉得牙很疼，他赶紧跑到白兔医生那里看牙。

白兔医生问道："小熊，你哪里不舒服？"小熊看着白兔医生，痛苦地说道："白兔医生，我的牙不知怎么了，疼得厉害，拜托您给看一下。"

白兔医生看了看他的牙，说："你有一颗牙烂了一个洞，不能治了，得拔掉。"

小熊问道："白兔医生，拔牙会很痛吗？"

"打了麻药就不会痛了。"白兔医生安慰小熊说。白兔医生给小熊打了麻药，用钳子把那颗坏牙拔了下来。拔完牙后，小熊觉得好多了。

小熊满是疑惑地对白兔医生说道："白兔医生，我的牙齿为什么会坏个大洞呢？"

白兔医生说道："这都是因为你不刷牙，还经常吃甜的东西。"

听了白兔医生的话，小熊喃喃地说道："原

来是饼干和蜂蜜，还有棒棒糖害了我，我真是不应该贪吃，不应该不刷牙。”

从此以后，小熊每天都刷牙漱口，也不经常吃甜的东西了，他的牙真的没有再疼过！

儿子听到故事里小熊拔牙的情节，就吓得嗷嗷直叫。正好他马上也要进诊疗室拔牙了。

我告诉他，你不要担心。因为你担心也是要拔牙的，“伸头一刀，缩头也是一刀”，是男人就拿点气度出来！

然后他就大哭起来，死都不进诊疗室。我一边鄙视他，一边给他妈妈打电话。他妈妈劝了一会，也不知道说了什么，他就不哭了，答应乖乖去拔牙。

我一问，原来他妈妈答应等他牙治好后，带他去吃冰激凌火锅。我冷笑，那你的蛀牙长得更快了，最后还得来拔牙！

重庆市王浚西爸爸　王朝龙

小朋友，关于这个故事你有什么话要说，写到下面吧！

轻松一下 Game

趣味歇后语

把下面的歇后语补全。

阿公吃黄连——(　　　　)

阿斗当皇帝——(　　　　)

矮子坐高凳——(　　　　)

庵庙里的尼姑——(　　　　)

担百斤行千里——(　　　　)

黄鼠狼给鸡拜年——(　　　　)

八月十五的月亮——(　　　　)

案板底下放风筝——(　　　　)

癞蛤蟆想吃天鹅肉——(　　　　)

阿拉伯数字8字分家——(　　　　)

答案：

苦也(爷)；软弱无能；上下两难；没福(夫)；任重道远；没安好心；年年都一样；飞不起来；不知天高地厚；0:0。

蚂蚁大力士

蚂蚁国的达里,是个有名的大力士。他能毫不费力地拖动比自己身体重六百倍的东西,而其他蚂蚁即便是费了很大的力气,也只能够拖动比自己身体重五百倍的东西。

一次,他从很远的地方,拖着一只大蜻蜓,走了回来。这一走就是八百里。不过你不需要惊讶,因为这八百里完全是按照蚂蚁国的里程计算出来的。

达里拖着蜻蜓一直走到了蚂蚁国的洞口才停下来。蚂蚁国国王看到这一幕惊讶地瞪大了眼睛。他对达里说道："你真是能干，我为我们蚂蚁国有你这样的人才感到骄傲。"

还有一次，达里竟然用它瘦弱的身躯顶住了正在下落的、沉重的米包。

当米包下落时，小蚂蚁们几乎被吓坏了，一时慌了神儿。只见达里一个箭步冲了上去，奋力将米包顶了起来，并大声喊着："快闪到一边去！"

直到所有的蚂蚁都离米包远远的，达里才将米包稳稳地放下来。达里虽然被累得满身是汗，可身体却没有受到一丝伤害。

蚂蚁们走上前来，对达里说道："你简直太厉害了！你就不害怕米包落下会把你弄伤吗？"达里说："别担心，这根本不算什么。"

这一年，不知哪位蚂蚁向蚂蚁国国王提议，在蚂蚁国举行一场像人类世界

那样的举重比赛，蚂蚁国王高兴地答应了。

于是，一场大规模的举重比赛在蚂蚁国开展起来。达里也报名参加了，并凭借出色的表现取得了冠军。

他戴着闪闪发光的奖牌，心里别提多激动了。他心想："还是这奖牌更为实际，从前我拖着蜻蜓走了那么远的路；用身躯顶起即将下落的米包，也只得到几句赞美，我真是为自己感到不值。现在我真是应该省一省自己的力气，留着比赛时用。"

从此，当蚂蚁国需要搬运东西时，达里总是找各种借口，不愿参加，即便参加了也总是偷懒。

第二年，举重比赛又开始了。达里信心十足地来参赛，可他连去年的一半重量都没能举起来。这样的结果让蚂蚁国中的其他蚂蚁很是吃惊，就连达里自己也没有想到。

当看到获胜的蚂蚁戴上闪闪发光的奖牌

时，达里羞愧极了，他跑到一个角落里大哭起来。

这时，一只老蚂蚁走了过来，他对达里说：“你劳动时总是偷懒，身上的力气也就消失了。”

达里听了老蚂蚁的话，思索了很久，终于明白：是懒惰害了自己。于是，他决定重新开始。

从此，他又开始努力、勤奋地劳动了。在后来开展的蚂蚁国举重比赛中，他再次获得了冠军。

达里第一次参加比赛获得冠军之前，乐于帮助他人，尽心尽力劳动。之后他觉得劳动浪费力气，不愿再努力劳动，每天省着力气，最后却拿不到任何奖牌。

这其中的原因就在于，身体的力气并不是攒出来的，而是锻炼出来的。只有坚持锻炼身体，才能不断提升身体素质，越来越健康。

所以，从孩子小的时候，我就主张要他多跑步，多运动。现在他个子高高，身体健硕，我真是很开心。我也希望各位家长，要让孩子加强身体锻炼。

深圳市周天妈妈　曹秀英

小朋友，关于这个故事你有什么话要说，写到下面吧！

轻松一下 Game

蚂蚁分工

所有的蚂蚁都过着社会性群体生活，那它们是如何分工的呢？你知道吗？

★蚁后：

母蚁，其生殖能力很强，体型最大，尤其是腹部很大，主要职责就是繁殖后代、统管大家族。

★雄蚁：

又称为父蚁，主要职责是与蚁后交配。

★工蚁：

职蚁，没有生殖能力的雌蚁，是蚁群中最小的个体，主要职责是建造巢穴、采集食物、伺候幼虫及蚁后。

★兵蚁：

没有生殖能力的雌蚁，头大，上颚发达，主要职责是用来保卫蚁群。

蜗牛搬家

从前,有一只蜗牛住在小池塘边的石缝里,那里光秃秃的,几乎看不到盛开的鲜花和绿油油的草地,就连能够遮风避雨的小树也没有。

蜗牛每天都要忍受风吹日晒之苦。每当天空中堆满了乌云,蜗牛才愿意从壳中探出身来,伸展一下蜷缩了许久的身子,呼吸着外面新鲜的空气。

这样的日子蜗牛不知道过了多久,他心中是否已经厌烦了呢?

一天,蜻蜓和蚂蚁来看望蜗牛。蜻蜓说道:

“喂，朋友，你怎么能够住在这样的地方呢？难道你就没有想过搬家吗？”

“搬家？我还真没有想到呢？可我到底该搬到哪里去？”蜗牛满是疑惑地问道。

“要是你愿意，我可以带你去我住的地方看看，那里有盛开的鲜花，有茂密的树林，还有一条清澈的小河，那里看起来简直太美了。”蜻蜓陶醉地说道。

“那个地方很远吗？”蜗牛问道。

蜻蜓回答说：“一点也不遥远，就在前面的小山岗上。”

“就连蝴蝶和青蛙也在那里住，那里要比这里热闹多了，难道你在这里生活就没有感到孤单吗？”在一旁默不作声的蚂蚁突然问道。

“要是这样，我十分愿意搬到你们那里。”蜗牛听了蜻蜓和蚂蚁的话终于下定决心要搬家了。

他们三个一会儿聊聊这个，一会儿又聊聊

那个，不知不觉天已经黑了，蜻蜓和蚂蚁告别蜗牛回到了家。

蜻蜓和蚂蚁对蝴蝶和青蛙说："再过不久，蜗牛就要搬到我们这里来了，我们应该帮他一下。"

"要是蜗牛愿意来，那我们这里一定会变得更加热闹，这是多么令人期待的一件事。"蝴蝶和青蛙高兴地说。

过了两天，蝴蝶飞来了，她对蜗牛说："敬爱的蜗牛大哥，我听说你想搬到我们那儿去住？我来帮你搬家！"蜗牛抬起头来望着太阳，摇摇头说："今天天气简直太热了，我看我还是改天再搬好了！"蝴蝶没有办法，只好无奈地飞走了。

又过了两天，青蛙冒着雨来帮蜗牛搬家。蜗牛看着蒙蒙细雨，摇了摇头说："今天天气太糟了，刚下过雨，地面一定会很湿滑，我看我还是改天再搬好了。"青蛙没有办法，也只好无奈地

走了。

从那以后,再没有人愿意帮蜗牛搬家了。

蜗牛的家就这样始终没有搬成,直到现在他仍旧住在那光秃秃的石缝里。他常常感叹:“都怪天公不作美,要不我早就搬完家了。”

蝴蝶和青蛙私下议论说:“蜗牛一点儿困难都克服不了,又怎么能过上好日子呢?”

看了这个故事,你能说一说,蜗牛为何搬不了家吗?

昨天读完故事，女儿不满地说："妈妈，你说蜗牛怎么事儿那么多啊！嫌这嫌那的，真讨厌！"

我告诉她："并不是蜗牛事儿多，只是他心里并不是那么想搬家，所以懒惰最终战胜了搬家的愿望，他只能一直住在石缝里。"

"你是说，天气什么的，都是借口，他就是懒喽？"女儿继续问。

我告诉她说："你说得没错。你可以想想，生活中有没有这样的同学，每次劳动，就会有很多借口？"

她想了一会儿，惊讶地捂上嘴巴，"那谁谁和谁谁谁，就是经常这样。"我笑着说，"你明白就好，不要到处宣扬。"

哈尔滨市李明书妈妈　万杰

小朋友，关于这个故事你有什么话要说，写到下面吧！

龙之九子

你知道龙之九子，都是什么吗？快来了解一下吧。

囚牛：喜音乐，立于琴头。

睚眦(yá zì)：刻于兵器或仪仗上。

嘲风：样子像狗，殿角有其像。

蒲牢：喜音乐和鸣叫，刻于钟上。

狻猊(suān ní)：喜烟好坐，倚立于香炉足上。

赑屃(bì xì)：喜欢负重，多在碑下。

狴犴(bì àn)：好狱讼，将其刻铸在监狱的门上。

负屃(fù xì)：好斯文，盘绕在石碑头顶或两侧。

螭(chī)吻：喜四处眺望，遂位于殿脊两端。

懒惰少年

从前，有一个少年很是懒惰。每当他妈妈要求他办一件事，又或是让他到某个地方去的时候，他总是会说："要是我愿意的话。"

一天，他妈妈对他说："我的孩子，家里已经没有水了，你去打一桶回来。"

少年不紧不慢地说："要是我愿意的话。"说完话，少年拖拉了老半天，尽管心里有些不情愿，但还是去了。

他来到井边，把水桶放到井里，打了满满一桶水，这时他发现水桶里有一只大乌龟，乌

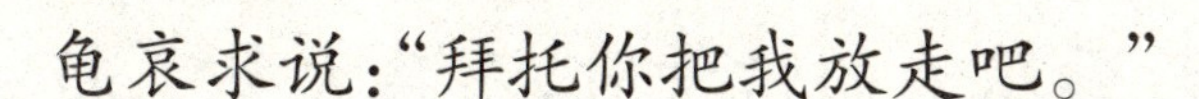

龟哀求说:“拜托你把我放走吧。”

少年依旧是不紧不慢地说道:“要是我不怕麻烦的话。”他犹豫了好半天,后来还是把乌龟放回了井里。

乌龟在走之前对少年说道:“感谢你让我恢复自由,要是你有需要便可以许下愿望,到时候你想要什么便会有什么。”

少年缓缓地说:“要是我真的有需要的话。”

这时候他看见了一张凳子,便坐了上去,面前摆放着那只装满水的桶。少年在凳子上坐了很久,迟迟不愿离开,心想:“我多么希望这凳子能够驮着我回家,水桶在后面跟着。这样我就不用走路了,那样简直太有意思了。”

少年心中刚刚闪过这个念头,让人意想不到的一幕便出现了,凳子果真驮着少年向家中走去,水桶在后面跟着。

这时候,王宫中国王的女儿正站在窗户旁边向外望去,当她看到一张凳子驮着人在前面走，水桶在后面跟着的情景时，不禁大笑了起来。

少年听到笑声便抬起头来，他看到了美丽的公主，心想："原来是公主在笑我。"他继续向前走着，一边走一边说："愿公主能够生下一个男孩。"

说着说着，少年便回到了家。

不知过了多久，王宫里果真发生了一件令人感到意外的事，公主生下了一个男孩。国王心中很是气愤，他问公主孩子的父亲在什么地方，到底是谁？

公主回答说，就连她自己也很是疑惑。国王绞尽脑汁终于想出了一个办法，他决定在男孩满周岁的时候，交给他一只金苹果，以便男孩在茫茫人海中找到他的父亲。

时间一点一点地过去，小男孩终于要满周岁了。为了让人们都来到王宫，国王贴出了告示，整个国度都知道这件事了。

告示贴出不久后，便有很多人自发地来到王宫，其中不乏一些有身份、有地位、十分富有的人。他们心中充满了好奇，都想知道到底谁会接到小男孩手中的金苹果，到底谁才是孩子的父亲。

或许这就是上帝的安排，懒惰少年这天刚好从王宫经过，当他看到王宫里聚满了人，场面十分热闹时，心中很是好奇，心想："到底发生了什么事，这些人又在做些什么？"

好奇心促使少年向王宫走去，当他快要走到王宫的时候，小男孩一眼便看到了他。小男孩飞快地向他跑来，并把金苹果交到了他手中。

就在少年接到金苹果的那一

刹那，国王也看到了他，国王此刻气愤极了，心想："真是想不到，我女儿孩子的父亲竟然会是这样一个人，我再也不想看到他们了。"

于是，他让侍卫找来一条船，把公主、那个孩子，还有少年一起赶到了船上，准备把他们送到大海中的一个小岛上去。

船一直在水中航行着，不知过了多久，公主的肚子已经在咕咕叫了，心想："要是有些东西吃就好了。"于是她对少年说道："我多么希望能够找到些吃的东西。"

这时候，少年也觉得饿了，他也在想该到哪里找些吃的东西。少年的脑海中刚刚闪过要吃点什么东西的念头，他面前便出现了一桌子的美味佳肴，还有各种各样的酒，望着一桌子的美酒佳肴，公主和少年高兴极了，他们美美地吃了起来。

饱餐后，公主对少年说道："也不知道这海岛到底在何处，我真希望我们能够早些到达。"

于是，少年便许愿："希望船能够早些到达海岛。"少年刚许完愿不久，船便靠岸了。

此刻，公主心中依然很是疑惑，他问少年，为什么他会是自己孩子的父亲，这一切到底是怎样一回事？

少年便将事情的经过一一告诉了公主。此时，天已经很晚了，公主说道："我多么希望住在一座漂亮的宫殿里面。"

少年听完公主的话便许了愿。没过多久，他们便实现了愿望。

他们在宫殿里美美地住了一段时间，公主有些想念远在王宫里的父亲，于是她对少年说道："我多么希望有一座桥可以从海岛直通大陆，那样我的父亲就可以来看我了，而且他也可以看到我们在这里的生活了。"

于是，少年再一次许了愿。这次，他们依旧很顺利地实现了愿望。不久，国王便带着他的大臣一起来到了海岛上，少年在心中默念着一些好酒好菜的名字，不一会儿工夫，这些好酒好菜便出现在了国王和大臣们面前。

人们吃着、喝着，饱餐后就打算回到王宫了。可就在这时，少年发现有些大臣竟然在望着桌子上的银餐具出神，有的大臣还趁他不注意，偷偷地把银餐具装进自己的口袋，准备带回自己的家。

少年看到这一幕后，心中不禁十分愤怒，于是他在心中默默地许愿："愿这些贪婪的人，长出长长的鼻子。"

没过多久，那些贪婪的大臣们都长出了长长的鼻子，你瞧，他们正在走路，或许是因为他们的鼻子又长又重，他们的脚竟然有些不听使唤了，总是会不小心地撞到鼻子上，走着走着，便会摔跤，后来他们掉进了大海中。

少年很是懒惰，但是在帮母亲打水时，因为拯救了一只乌龟，而发生了一系列奇遇。

可以说，帮母亲打水是一切的开始，如果少年坚持懒惰呢？可能就没有后面的故事了。

所以，我经常对孩子说，要多出去走走，这不仅能增长见识、增加阅历，说不定还能遇到什么奇妙的经历。

每到放假的时候，我都会和家人一起旅游，休息时间短就来个短途旅游；时间长就来一次长途旅游。家人在我的带领下，已经非常喜欢出去旅游了，这让我很自豪。

鸡西市初中语文老师　曹庆文

小朋友，关于这个故事你有什么话要说，写到下面吧！

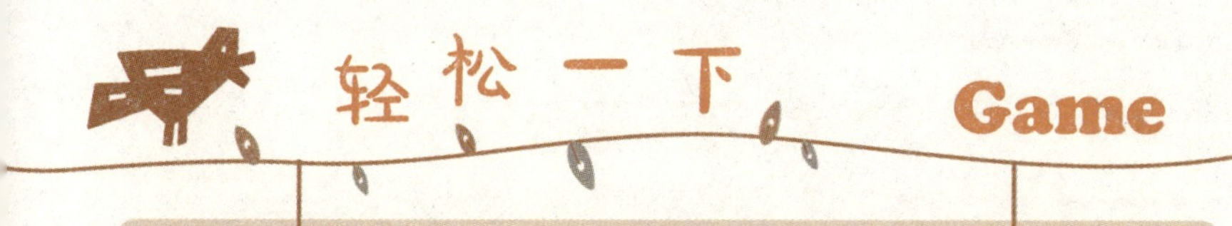

奇妙断句

有一种歧义句，用不同的断句方法，句子会有不同的意思。

★这个鸭梨不大好吃。

1. 这个鸭梨不大／好吃！（鸭梨的味道好）
2. 这个鸭梨／不大好吃。（鸭梨味道不好）

★我们八人一组。

1. 我们八人／一组。（一组有八个人）
2. 我们／八人一组。（每八个人一组）

★我说不过她也得说。

1. 我说／不过她也得说。（两人都得说）
2. 我说不过她／也得说。（一个人说）

两个小孩在树林里

太阳已经爬上了树梢，人们也开始忙碌起来，姐姐和弟弟像往常一样出发了，他们正向着学校走去。

过了一会儿，姐姐和弟弟来到一片树林旁，看着青翠的树林，姐姐心想："这树林中一定很热闹，不仅可以听到鸟儿动听的歌声，还可以看到许多小松鼠在树上打秋千，小松鼠身手十分敏捷，能够灵活地在树上跳来跳去。除此之外，树林中还很凉爽，不像路上那样闷热，也不像路上那样漫天飞舞着尘土。"

于是，姐姐对弟弟说：“现在距离上课还有一些时间，不如我们在这里玩儿一会儿吧。”

弟弟说：“这真是个不错的主意，不如我们现在就去吧！”

于是，他们把课本丢进了草丛中，然后手挽手向着树林深处走去。树林中果真就像他们所想的那样热闹极了、有趣极了。鸟儿拍打着翅膀在树林中飞来飞去，不停地唱着悦耳动听的歌儿，小松鼠在树上跳跃着，一会儿到这棵树上瞧瞧，一会儿又到那棵树上看看。就连小飞虫也没有闲下来，你瞧，他们这会儿正在草丛中飞来飞去呢。

姐姐和弟弟在树林中走呀走，这时他们看到了一只甲虫，这只甲虫是金黄色的，看起来十分美丽。

他们对甲虫说道：“可以和我们一起玩儿吗？”

小甲虫回答说：“我十分愿意和你们一起玩儿，可我没有时间呀。我必须要去准备午饭了。”

姐姐和弟弟只好走开了。他们走着走着，又看见了一只蜜蜂，姐姐和弟弟对蜜蜂说道：“蜜蜂，可以和我们一起玩儿吗？”

蜜蜂摇了摇头说：“我可没有多余的时间，我必须要去采蜜了。”

姐姐和弟弟只好再一次走开了，他们依然向前走着。没过多久，他们便遇到了一只蚂蚁，姐姐和弟弟对蚂蚁说：“可以和我们一起玩儿吗？”

可蚂蚁似乎没有听到，他拖着一根比自己身体还长两倍的麦秸，头也不回地走了。

姐姐和弟弟失望极了，因为没有小动物愿意和他们一起玩儿。他们只好抬起头来，望着蓝天。这时他们看到了树梢上的小松鼠，于是对小松鼠说：“我多么希望你能够下来和我们一起玩儿。”

可小松鼠却说：“我还要准备冬天吃的松果呢。”

姐弟俩再次失望地走开了。这次，他们遇到了一只鸽子，本想可以和鸽子一起玩儿，可鸽子却说：“你们瞧，我还没有给我的孩子们垒完窝呢。”

后来，姐弟俩又遇到了小灰兔和草莓花。小灰兔要去到河边洗脸；草莓花正在吸收太阳的光芒，以便结出饱满的果实。

姐姐和弟弟看到大家都在忙，只好无奈地向河边走去。

这时候，河水正在拍打着岸边，冲刷着河底的卵石，发出潺潺的声音，姐姐走上前，对小河说道:“小河，你在忙吗？要是不忙可以和我们一起玩儿吗？”

小河听了姐姐的话生气地说道:“难道你没有看到吗？我已经忙了很久了，可还是有很多事情没有做完。要是没有我，你们人类，还有那些小动物们可就喝不到水了。要是没有我，你们人类的船还不知道要去哪里航行？我已经累得有些头晕了。难道你就没有事情可做吗？”

姐姐和弟弟听完小河的话，默默地继续向前走。姐姐对弟弟说:“这树林中简直太无趣了，大家都在忙，我们也应该去上学了，等到放学了再来玩。”

可就在他们即将走出树林的时候，姐姐看到树枝上站着一只美丽的小鸥鸽，正在唱着悦耳、动听的歌，姐姐心想:“看来这只小鸥鸽不是很忙，或许她会愿意和我们一起玩儿。”

于是，姐姐走上前去对小鸥鸽说："你好，快乐的小精灵，你现在好像不是很忙，你愿意和我们一起玩儿吗？"

小鸥鸽听了姐姐的话十分委屈，她为自己辩解道："要是你们认为我不忙，那你们可就错了。我要从早忙到晚，不停地抓蚊子喂我的孩子。这会儿我已经很累了，翅膀都有些抬不起来了，可为了让我的孩子睡得安稳些，我还要唱摇篮曲给他们听。再看看你们，你们又做了些什么，

你们不仅什么都没有做，还在这里浪费别人的时间，你们简直太懒了。”

希望大家记住这句话：唯有把自己应该做的事情做完，才能够放心地去休息和玩耍。姐弟俩现在是不是该去上学了呢？

"子铭，故事中的姐姐和弟弟到森林中玩得开心吗？"我问孩子。

"我觉得不开心，因为他们总是被嫌弃。"子铭回答我。

"大家为什么嫌弃他俩呢？"我继续问。

子铭想了一下，然后回答我："因为其他动物都很忙，他们在打扰动物们。"

真是个聪明的孩子！我告诉他，事实确实是这样的，当别人都在辛勤地工作，而你想要玩耍的时候，就是在打扰别人。

所以，如果姐弟俩不是一直找玩伴，而是好好上学，认真学习的话，就不会引起动物们的不满了。

哈尔滨市刘子铭妈妈　高文君

小朋友，关于这个故事你有什么话要说，写到下面吧！

轻松一下 Game

如何克服懒惰

生活中难免会出现懒惰的情绪，如果我们深陷在懒惰之中，会对我们的学习、生活有很不好的影响。为了克服懒惰，我们可以从以下几个方面做。

★自己的事情，不推卸给他人

自己的事情自己做。能把自己照顾好的人，都不是十分懒惰的人。所以说，自己处理事务是克服懒惰习惯的第一步，也是关键的一步。

★做力所能及的家务

参与到家务劳动中，家务劳动不仅是对身体的锻炼，也是对思维的锻炼。在做家务的过程中，还可以增进与家人之间的交流，培养人愿意活动、不懒惰的行为习惯。

★做事情，不挑肥拣瘦

做事如果可以挑拣，谁都会挑省力的、干净的工作。工作可以挑拣，生活中其他事情是不是也可以挑拣？天长日久，会形成逃避的性格。

★不怕吃苦

害怕孩子吃苦，于是把所有的事情大包大揽到自己身上，这样会造成孩子做事情没耐心、怕麻烦的品质。久而久之，便会形成懒惰的性格。

让孩子适当吃吃苦，体会一下苦中有乐，是一种十分好的体验。

懒惰的王子

在一个遥远的国度里，有这样一位国王，他十分勤快，总能把国家治理得井井有条，可他的儿子却十分懒惰。

国王心想："我的儿子实在太懒惰了，可我就只有他这么一个孩子，我真是有些担心，以后他能否治理好这个国家？我要想个办法，让这个懒惰的孩子变得勤快才行啊！"

国王冥思苦想了很久，终于想出了一个主意。他想让这个懒惰的孩子出去历练一下，成为一个勤奋的人。

于是，他把王子叫到了跟前，对王子说道："亲爱的孩子，我觉得你应该出去历练一下了，要是你不能够变得勤奋，就不要回来了。"

王子听完国王的话，便离开了王宫。或许是因为这外面的世界太过于广阔了，王子竟有些迷茫了，他完全不知道自己该去什么地方，也不知道怎样才能够学会勤奋。

王子走着走着。不知不觉，他走进了一片森林，他在森林里迷了路，一直到天黑，他也没能走出森林。

暮色中的森林总是静悄悄的，小动物们早已沉沉睡去，天上的星星在眨着眼睛，月亮看起来就像小小的船儿，要是你隐约听到了什么声音，还请不要害怕，那一定是风声了，这会也只有风儿还没有休息，还在不知疲倦地刮着。

王子觉得又冷又饿，心中不禁有些难过了，心想："要是能喝到香槟酒，吃到美味的面包该有多好。哎，这都要怪我自己太过于懒惰了，要不然我也不会离开王宫了。”

就在他十分难过的时候，一位女士从远处走了过来。这位女士已经很老了，皱纹早已爬上了她的额头和脸颊。

王子被女士的突然出现吓了一跳，他本想大喊一声，可为了不让自己在老人面前失礼，他只好轻声说道：“女士，您好。”

女士听到王子的问候，微微地点了点头，这时候她脸上的皱纹开始活动起来，就像大海中翻腾的浪花一般。女士问道：“可怜的人，你怎么还没有回家？你瞧，这天都已经黑了。”

听到女士的话，王子不禁感叹起来：“哎，别提了，这世上恐怕不会有人比我的情况更糟糕了。父亲因为我的懒惰便让我离开王宫出去历练一下，我多么希望找到一个可以使我勤奋的地方，现在我在森林中迷了路，我想我很难离开这里了。”

“原来你是在为自己的懒惰感到烦恼，别再难过了，我想我可以帮到你。要是你相信我，就请让我来教你勤奋好了，你觉得怎么样？”女士问道。

“要是您愿意教我，我当然非常愿意和您学习。”王子望着女士兴奋地说。

“既然这样，就请你和我一起去一个地方吧！”女士说完，便带着王子走了。

他们走了很久，不知不觉已经走到了森林深处，在一座小木屋前，王子和女士最终停下了脚步。

女士对懒惰王子说道：“现在，你可以进屋了。”

王子问道：“这是什么地方？”

“这里便是我的家了，以后我将会在这里教你勤奋。”女士的眼神中透露出狡黠，可王子却一点也没有察觉，他放心地走进了屋中。结果王子在走进小木屋的一瞬间，被变成了可怜的小毛驴。

为了不让王子看清他到底处在怎样的一个地方，女士用黑布蒙上了他的眼睛，这样一来，可怜的王子就只能够整日埋头拉磨，现在看来，他根本没有办法掌控自己的命运。

除了王子之外，这小木屋中还有许多小毛驴，不过他们并不是真的驴。他们和王子一样，是遭受欺骗的可怜人。

原来，这位女士是一位心肠极为恶毒的老巫婆，她十分喜欢害人。

一天，懒惰王子像往常一样拉磨，一个听起来十分清脆的声音传入他的耳畔，那个声音说："请问这里有人吗？"

王子见有人来，心中很是紧张，他十分担心这个人被那位恶毒的老巫婆看到，也被变成小毛驴。

于是，他大叫了起来："这里危险，请走开……"可那个人无法明白王子在说些什么。

因为可怜的王子只能够发出驴的声音。倒是屋里的老巫婆听到“驴叫”开始有些担心，她拄着拐杖走了出来。

这时候，那个说话的人，依旧站在小木屋前没有走开。在这危急时刻，可怜的王子挣脱了一直拴着他的绳索，抖落了蒙在眼睛上的黑布，不顾一切地跑了出去。

这时，他才发现那个说话的人，竟然是个漂亮的女孩，他毫不犹豫地驮起女孩就跑。

王子驮着女孩跑了很久，一直到他觉得没

有什么危险了，才将女孩放下来。可爱的女孩见小毛驴很温顺，便伸手摸了摸他的耳朵，俯下身来对小毛驴说道："我找不到回家的路了，你能把我送回家吗？"

王子在心中默念着："我愿意。"可他却不知道女孩的家在哪里，不知道应该朝着哪个方向走去。就在王子犹豫不决的时候，恶毒的老巫婆追了上来，只见她轻轻地挥了挥手，女孩也被变成了小毛驴。

不过这倒算不上是最坏的结果，因为这样反而拉近了王子和女孩的距离，他们终于可以在一起说话了。

恶毒的老巫婆看到王子和女孩亲密无间的样子，心中燃起了嫉妒的火焰。她对他们充满了恨意。于是，她气愤地朝王子挥了挥手。王子就恢复了人的模样，他再也不能够和女孩说话了。

王子心中充满了悲伤，他恳求老巫婆重新

把他变回驴的模样，可老巫婆却说："要是你愿意帮我办成三件事，我便让女孩恢复人的模样，不再让你们分开，不过你只有一次机会。"

"那到底是怎样的三件事，就拜托你快些说吧！"王子急切地问道。

"你看到身旁的那棵大树了吗？你要做的第一件事便是把树砍倒，不过请记住：你只有两个小时的时间，现在就可以开始了。"老巫婆说完话，便牵着小毛驴走开了。

望着眼前这棵粗壮的大树，王子心中不禁有些发愁，心想："我手中既没有斧子，又没有锯，我到底应该怎样做呢？"

尽管他想了半天，却还是没能够想到什么好的办法。于是，他只好用力地向着大树推去，可大树丝毫没有动摇。

蜜蜂看到这一幕，哈哈大笑了起来，他对王子说道："你简直太笨了，你难道就想不出其他的办法了吗？"

“要是我不能够办好这件事，那美丽的女孩可能就无法恢复人的模样了，她就要永远被老巫婆控制了。”王子的心情糟糕透了。

这时候，蜜蜂不再笑了，他开始认真思索了起来。不一会儿，蜜蜂就来到了大象面前，开始找他的麻烦，可大象并没有生气。蜜蜂见大象没有反应，只好用蜂针刺大象的屁股。

大象终于被激怒了，他咆哮了起来，可蜜

蜂却飞走了。心有不甘的大象并没有放弃对蜜蜂的追逐，蜜蜂飞到哪里，他便跟到哪里。不知追了多久，大象终于撞上了王子想要推倒的那棵大树。这样一来，王子便完成了任务。

王子见大象受了伤，急忙对大象说道："请不要怪小蜜蜂，他都是为了帮助我才这样做的。"

大象这时候还没有反应过来，他的头依然有些发晕，不过他并没有对王子的话产生怀疑。于是，他不仅没有怪小蜜蜂，还十分宽宏大量地与王子和小蜜蜂成了朋友。

两个小时后，恶毒的老巫婆问道："大树被你砍倒了？"

"你瞧，这便是你让我砍倒的那棵大树。"王子指着大树对恶毒的老巫婆说道。

恶毒的老巫婆看到那棵倒在地上的大树后，非常惊讶，一时不知道该说些什么。

于是，她只好告诉了王子第二件事。"这第二件事就是，要把你刚才砍倒的那棵大树分成一块块很小的引火柴，然后把它们整齐地堆起来。记住，这次你只有一个小时的时间。”老巫婆说完便离开了。

望着大树，王子心中十分难过，心想：“要完成这样一个任务，简直太难了。哎，我到底该怎么办呢？要是我做不到，那可怜的女孩就要永远被恶毒的老巫婆控制了，但愿不要发生这样的事。”

就在王子发愁的时候，他看到一只小蚂蚁在树干上爬来爬去，原来蚂蚁想要从树干上下来，却怎么也找不到路了。

王子帮助蚂蚁找到了路。蚂蚁见王子皱起了眉头，便问道：“善良的人，你到底怎么了？需要帮助吗？我很愿意为你效劳。”于是，王子把事情的经过告诉了蚂蚁。

“原来是这样，不过这对于我们蚂蚁家族来说根本不算什么，刚才你救了我，我还没有好好感谢你呢！这件事就交给我好了。我想我一

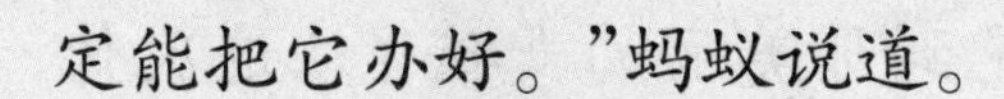

定能把它办好。"蚂蚁说道。

说完,蚂蚁便把蚂蚁家族的成员一一叫来,他们很快就爬上了树，对着树干开始咬了起来,没过多久,一整棵大树摇身一变,成了一块块小小的引火柴。

王子这时候也在忙碌地摆放着引火柴,不一会儿引火柴便被摆成了整齐的一堆。

这时候刚好过了一个小时,恶毒的老巫婆再次来到了王子身边,问道:"引火柴你砍得怎样了？"

"已经砍好了。"王子指着引火柴信心满满地说道。看到一块块的引火柴,老巫婆心中既吃惊,又无奈。她心想:"看来我应该增加任务的难度了,要是这第三件事他也做到了,我恐怕就要兑现诺言了,这可不是我想要的结果。"

于是,她故意装出一副若无其事的样子,对王子说道:"这第三件事就是我会藏到一个地方,你要在规定的时间内找到我,要是找不到,你就永远也别想见到那美丽的女孩了。这次你只有半个小时的时间。”说完，她便一溜烟地不见了踪影。

“哎，我到底要怎样才能够找到她呢？我真是想不到她现在会在什么地方？”王子再次郁闷起来。

就在王子一筹莫展的时候，小蜜蜂飞来了，他对王子说：“朋友，别急，我知道她的去向。”蜜蜂把巫婆的藏身之地告诉了王子。

小蚂蚁这时候也走来了，他对王子说道：“朋友，我十分愿意和你一起去。”

就这样王子和蚂蚁走呀走，终于来到了老巫婆藏身的地方。

他们发现老巫婆藏在了一个箱子中，为了不让王子看到她，邪恶的老巫婆竟然施了隐身术。

这样即便王子打开箱子，也不能够看到她。不过聪明的王子并没有急着打开箱子，他思索了一会，最终决定用锁头把老巫婆锁在箱子里。

这时候老巫婆开始害怕起来，她对王子说道：“求求你，放我出去。”

王子说：“我可以放你出来，不过你要告诉我怎样才能够让那些毛驴重新变回人的模样，要是不愿意说，你就永远待在箱子里好了。”

老巫婆无可奈何，只好将咒语告诉了王子，

王子在心中默念咒语，不一会儿，这些小毛驴便恢复了他们原来的样子。

令王子没有想到的是：这些毛驴不是别人，竟然是他的父亲，还有一些大臣。除了他们，还有一位十分漂亮的女孩。

“我亲爱的孩子，真是没有想到，竟然是你救了我。”国王吃惊地说道。

老国王心想：“看来要把一个国家治理好，需要的不仅是勤奋，还有智慧和善良。我亲爱的孩子，果真没有令我失望，看来他完全有能力治理好我们的国家。”

不久，国王便将王位传给了王子。除此之外，国王还为懒惰王子和女孩举行了婚礼。不过现在王子已经不再懒惰了。他变得十分勤快，把整个王国治理得井井有条，人们都过上了富裕的生活。

再说说那位老巫婆吧，王子终究还是把她放走了，不过她现在再也不能轻易出来害人了，这是因为她还在箱子里关着的时候，就已经被大象送到了森林深处，就在锁头被打开的一刹那，她的头还在发晕呢。

懒惰王子原来是懒惰的，但是经过变成毛驴、拯救女孩这些事情以后，他明白了懒惰的坏处，从此变得不再懒惰。当然，最后他过上了幸福的生活。

所以我一直主张孩子要多经历些事情，不要把她像温室里的花朵一样娇养在玻璃房子里，这样她会明白，许多事情只有经历过才会懂得其中的奥秘。

这些是我对诗婷教育的一点心得，我并不是教育孩子的专业学者，这些是我在生活中的经验总结，在此分享给所有的家长。

大连市张诗婷爸爸　张树春

小朋友，关于这个故事你有什么话要说，写到下面吧！

轻松一下 Game

我说你猜

根据语言描述猜词语。

1. 由于喜爱一个人，于是连他家屋檐上的乌鸦都喜爱了。这个词，常被用来形容因为深爱某人，从而连带喜爱他的亲属朋友等他人或事物。（猜一成语）

---

2. 它长得黄黄的，身形圆圆的，和鸡蛋差不多大，味道酸酸的，闻起来很清香，是制作饮料的调味品之一。（打一水果）

---

3. 它无论什么时候，看起来都很老，像是历经了沧桑。它总是喜欢缩在自己的龟壳里，人们都说它是长寿的象征。（打一动物）

懒惰的汉斯夫妇

从前，有一个人很懒惰，他的名字叫汉斯。懒惰的汉斯几乎每天只做一件事，那便是按时把他养的那只羊赶到牧场上，即便是这样，汉斯也依旧觉得很累。

傍晚，他回到家后总免不了要抱怨一下。听，他又在抱怨了！汉斯自言自语地说："放羊简直太累了，只要春天来了，就要把羊儿赶到牧场上，傍晚还要赶回来，这样的事情要一直持续到深秋才能够结束。这是多么漫长的啊！并且放羊的时候，目光还要一直停留在羊身上，就连哈欠都不敢打，更别提闭上眼睛养养神了。哎，这都是因为担心羊对幼小的树木造成伤害，或者羊会越过篱笆，突然出现在别人家的花园里，又或者羊会在不经意间偷偷跑掉。”

“哎，我到底要怎样做，才能够让自己变得轻松呢？”汉斯陷入了冥思苦想之中。他坐在凳子上思索了很久，仍然想不出一个好的办法。

不知过了多久，汉斯终于想出了一个主意，他高兴极了，不禁大声喊道：“我终于知道我到底应该做些什么了。”

他暗暗地想："米亚刚好也养了一只山羊，要是有一天我和她结婚了，我便可以把我养的山羊交给她，以便和她养的那只山羊一起赶出去，要是那样我便轻松多了。啊，这是多么不错的一个主意。"想到这里，汉斯的心中不禁充满了欢喜。

汉斯兴奋地站了起来，他微微欠了个身，打了个哈欠，便向外走去。他穿过邻近的街道，向着距离他家很近的米亚家走去，不一会儿，就来到了米亚家中。

他对米亚的父母说道："上帝一定希望米亚得到幸福，要是你们信任我，就请把她嫁给我，让她成为我的妻子吧！"

米亚的父母听完汉斯的话心中非常高兴，于是，他们答应了汉斯的请求。

没过多久，米亚就成了汉斯的妻子。这时候，汉斯便把他的那只羊交给了米亚，这样一来米亚每天就要把两只羊一起赶到牧场上，从此汉斯什么事也不做,他过得舒适极了。

可没过多久,米亚就觉得厌烦了,她再也不愿意放羊了。因为她也是一个很懒惰的人。

于是,她和汉斯商量道:“放羊太过于辛苦,并且这两只羊整日发出‘咩咩’的叫声,弄得我们很难休息好。为什么我们不能把羊儿交给我们的邻居,然后换一箱蜜蜂回来呢?养蜜蜂可是一点也不会麻烦,他们仅仅需要一个蜂箱,并且有了蜜蜂后我们就能够吃到蜂蜜了。蜂蜜的味道可一点也不比羊奶差。同时蜂蜜还很有营养,而且还不容易发霉。”

汉斯听了米亚的话很高兴,他对米亚说道:“亲爱的妻子,你说得太好了,你的想法我完全赞同,就按你说的办吧。”

很快,米亚就来到了邻居家说出了她的想法,邻居很高兴,他对米亚说道:“我很愿意为您效劳。”说着,便拿出蜜蜂和米亚交换了。蜜蜂果真就像米亚心中所想的那样:他们认识回家的路，能够自己飞进飞出，还能够采蜜。

日子一天天过去，转眼间已经是深秋了。汉斯打开蜂箱时，不禁愣住了，蜂箱早已被蜂蜜堆满了。他拿出罐子高兴地拾起蜂蜜，竟然把罐子装得满满的。为了避免蜂蜜被人偷走，又或是被老鼠吃掉，汉斯和米亚便把装有蜂蜜的罐子高高地悬挂在了卧室的墙上。

为了不用起身就可以吃到蜂蜜，米亚找来一根看起来十分坚硬的榛树枝，并把它放在了床边，当他们想要吃蜂蜜时，只要用榛树枝轻轻一挑，便可以将蜂蜜罐子拿下来。

汉斯对米亚说道："我们两个要是起得早些，这蜂蜜就要吃得快了。"

一天早晨，天已经亮起来了，可汉斯却还躺在鸭绒被褥里不愿起来。

汉斯翻了个身，看着米亚说道："我知道你们女人大都喜欢吃些甜的东西，因而我想你一定在偷吃蜂蜜，既然这样我们倒不如在你把蜂蜜吃光之前，用它来换一只鸡和一只小鹅。”

米亚点了点头表示赞同，她说：“这倒是个不错的主意，不过我们不能太早去换，因为我可不想把我的全部精力放在这上面。”

“那我们到底应该什么时候去换呢？”汉斯满是疑惑地问道。

“我想应该等我们有了一个孩子，并且长大些，那时候孩子便可以代替我去放鹅了。”米

亚心中充满了自信。

“我可不这样认为，我不认为孩子会愿意帮助我们放鹅。”显然这次汉斯和米亚的意见略有些不同。

汉斯继续说道：“现在的孩子大多比较有主意，又怎会轻易听我们的话？他们总是会认为自己比父母更具有智慧。”

“哦，要真是这样，那我可就要让他吃些苦了，到时候我恐怕会拿着棍子，打他一顿。”你瞧，正说着米亚便拿起一根棍子摆出一副准备打人的姿态。

此刻，米亚更加激动了。她本来要做给汉斯看，告诉汉斯她将来要怎样教育孩子，可不巧的是她手中的棍子刚好与蜂蜜罐子撞在了一起。蜂蜜罐子一下子就掉到了地上，变成了碎片。哎，这下可有好戏看了，地板此刻已经被蜂蜜粘住了。

望着地板上的蜂蜜，汉斯风趣地说：“你

瞧，这便是躺着的小鸡和小鹅了，他们再也不用人看着了。不过，这罐子没有砸到我，真是幸运，就凭这个，我们就应该感谢上帝了。”

当汉斯看到地板上蜂蜜罐子碎片中仅剩的一点蜜时，他不顾一切地伸手去拿，还一边拿一边对米亚说道：“亲爱的妻子，即便只剩下这点蜜了，我们也应该把它吃掉。还有，我们今天受到了惊吓，要是不好好休息一下，比平常起得晚些，可真是不应该，毕竟我们要过的日子还很漫长。”

米亚说：“亲爱的汉斯，你说得真是不错，一个人总是要在合适的时间才能够到达一个地方。我想你可能还不知道这样有趣的一件

事吧。有一次，蜗牛接到邀请要去某户人家参加婚礼，蜗牛走呀走，尽管他已经走得很快了，可当他到了那户人家时，那家人的孩子已经在接受洗礼了。蜗牛走到那家门前，想要进屋时，一不小心从篱笆桩上掉了下来，蜗牛不紧不慢地说：‘看来我真是不应该太匆忙。’”

汉斯和米亚，瞧这一对懒惰的夫妻吧，他们的故事简直太可笑了。长此下去，他们将如何生活呢？

“汉斯和米亚也太懒了！真想象不到还能有这么懒惰的人。”听完故事后，赫赫说。

我告诉他，虽然比不上汉斯与米亚，他也是个名副其实的小懒虫呢。

赫赫不信，于是我说了几件事：吃早饭的时候，总是偷偷拿到床上吃，就是为了赖床；同学们打篮球、踢足球的运动从不参加；躺在床上玩电脑。

听我说完，赫赫有些不好意思了，还问我，原来自己是这么懒惰啊。我告诉他，能认识到自己的懒惰并且及时改正就是好孩子。

天津市任赫妈妈　张立坤

小朋友，关于这个故事你有什么话要说，写到下面吧！

轻松一下 Game

幽默笑话

提起伏尔泰大家都很熟悉，他是法国著名的思想家、哲学家和文学家。

他有个仆人，名字叫约瑟夫，他受伏尔泰的影响也很幽默，不过他有个最大的缺点就是比较懒。

一天早晨，伏尔泰对他说："约瑟夫，我要出去一下，把我的皮鞋拿来！"

这时的约瑟夫还在睡梦中没有完全清醒，他将伏尔泰的皮鞋拿来了。

伏尔泰说："为什么我的皮鞋没有擦，难道你忘记了吗？"

约瑟夫看了一眼外面，正巧刚刚下过雨，约瑟夫说："先生，我没有忘记，只是街上都是泥，两小时后您的皮鞋又会跟现在一样脏。"

伏尔泰淡淡地一笑，没有说什么，只是将鞋子穿好，向外面走去。

"伏尔泰先生，您等等！"约瑟夫追出来

喊道。

“你有什么事情吗？约瑟夫！”

“先生，您忘记给我钥匙了！”

“什么钥匙？”

“橱柜的，我好吃午饭呀！”

“我的朋友，”伏尔泰笑着说，“吃什么饭呀，两小时后，你又会跟现在一样饿的。”

两只兔子

很久以前，有这样两只兔子，一只名字叫珍妮，一只名字叫露西。她们每天都在一起玩耍，是很好的朋友。珍妮比较勤快，露西则比较懒惰。

有一年，大地上遭遇了干旱，几乎是寸草不生，原本看起来充满生机的菜园子，此刻竟变得光秃秃的。

珍妮和露西为了能够活下来，只好离开了家，踏上了寻找食物的征途。她们走呀走，不知走了多久，终于遇到了一个装满蔬菜和水果的仓库。

露西看到仓库后非常高兴，心想：这仓库里的东西足够我吃一阵子了，不如我就留下来好了。于是，露西不愿再走了，她停下了脚步。

可珍妮却说："这仓库里的东西总有一天会吃完的，要是没有东西吃，恐怕就要挨饿了，我看你还是和我一起走吧，我们去寻找一片崭新的菜园。"

可无论珍妮怎样劝说，露西就是不为所动，反而对珍妮说："你知道菜园子在哪里吗？恐怕你要走上很远的路才能够遇到，如此辛苦，倒不如你和我一起留下来。"

珍妮摇了摇头，说道："既然你选择留下来，那我只好离开你了，但愿你不会为今天的选择感到后悔。"珍妮离开露西继续向前走着。

珍妮走呀走，不知过了多少个日夜，也不知路过了多少个地方，尽管身体已经很累了，却依然不愿停下来。

一天，正当珍妮想要休息一下的时候，一只蝴蝶从远处飞来。珍妮不禁眼前一亮，心想：“有蝴蝶的地方就一定会有花、有草、有生命，看来我要得救了。”

于是，她追随着蝴蝶的脚步，来到了一个美丽的地方。她看到了绿绿的青山，看到了清澈的河水，还有看起来充满生机的菜园。这一切令珍妮十分高兴。从此，珍妮在这里生活了下去。

再看看露西，她依旧守着仓库。时间一天天过去，仓库中可以吃的东西越来越少，可干旱却还没有结束。

又过了一阵子，仓库中的东西快要被吃光了。露西心想：“这下可真糟了，没有了吃的东西，恐怕再过不久我就要被饿死了，要是当初和珍妮一起离开这里，这会儿我可能就不会挨饿了，哎……”不过此时的露西依然懒惰，没有采取任何行动。

真的没有任何吃的东西了，露西的身体渐渐支撑不住了，这时候她已经不能跑，也不能跳了，没过多久，她便带着悔意死去了，而珍妮的生活却变得丰富多彩，充满了快乐。

露西在遇到仓库后，做出了选择：留在仓库，不继续寻找新的食物。过一段时间后，她的食物吃完了，她要忍受饥饿了，所以事实证明她的第一次选择是错误的。

其实露西的人生还给了她第二次机会，在仓库食物即将吃完的时候，她可以选择珍妮曾经的路，继续去寻找新的食物，可惜她因为懒惰，也放弃了这次机会。

所以说，人生会面临许多机会，错过了一次，也许还会遇到第二次，但是机会不是无限的，要善于把握，不然就会得到像露西一样的结果。

唐山市郑钰勋爸爸　郑忠良

小朋友，关于这个故事你有什么话要说，写到下面吧！

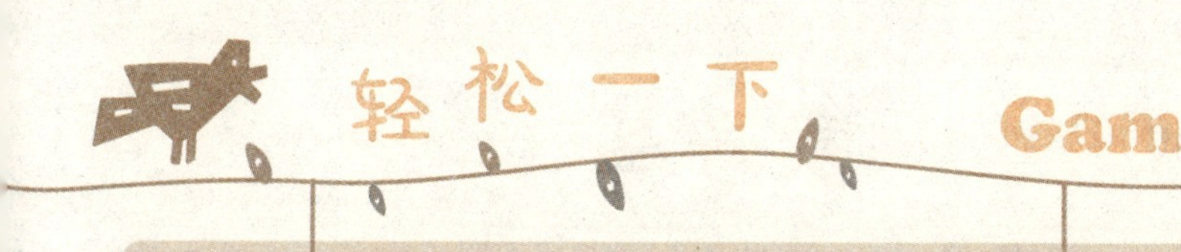

知识链接

《朱子家训》又被称为《朱子治家格言》《朱柏庐治家格言》。它是古代经典启蒙教材之一，主要讲家庭教育对人良好行为习惯的影响。

《朱子家训》的内容传承了中国传统文化的优秀内涵，比如勤劳、尊师等。

《朱子家训》的作者是朱柏庐（1627—1698），他原名为朱用纯，字致一，号柏庐，是明末清初著名的理学家、教育家。

《朱子家训》中第一句“黎明即起，洒扫庭除，要内外整洁，既昏便息，关锁门户，必亲自检点。”说的就是要勤劳，要早起早睡，早起整理好庭院，早睡要检查门窗。

在《朱子家训》中，将勤劳放到了第一点，可见勤劳是一个人首先要具备的素质，也是最为重要的素质。

寒号鸟

有一种鸟叫寒号鸟，和其他鸟类不一样的是，他的脚有四只，翅膀看起来光秃秃的，还有就是他不会飞。

不过，寒号鸟身上的羽毛十分鲜艳美丽。在寒号鸟心中，这美丽的羽毛便是他的资本。他总是向人炫耀自己："这天底下最漂亮的鸟儿当属我了，恐怕就连凤凰都不如我。"

于是，他走起路来大摇大摆的，遇到鸟儿便说："凤凰简直没法和我相比！凤凰简直没法和我相比！"

你们想知道这么漂亮的寒号鸟究竟住在哪里吗?想必他的窝应该十分温暖舒适吧!那么你可真猜错了。在不远处的山脚下矗立着一堵石崖,崖上有一道难得的裂缝,寒号鸟很懒,不愿搭窝,这道裂缝便成了他的家。

在石崖的前面可以看到一条宽广的河流,在河边生长着一棵高大的杨树,喜鹊就住在这上面。寒号鸟和喜鹊的家很近,他们便成了邻居。

日子一天天过去,这时候已经是深秋了,天空中刮起了阵阵秋风,树叶在不知不觉中随风飘落。当树上的叶子完全落下来的时候,寒冷的冬天就要到来了。

有一天,天很晴。喜鹊很早就从窝里飞了出来,他一会儿飞向这里,一会儿又飞向那里,眼睛似乎在寻找着什么。后来,他在一堆枯枝旁停了下来,衔起了几根枯枝。

喜鹊衔着枯枝飞回了窝,不一会儿就忙了

起来，原来喜鹊是在忙着搭窝。这时候，寒号鸟仍然整日在外面玩，玩够了便回来睡觉。

喜鹊看到寒号鸟这样便说："寒号鸟，快起来，该垒窝了。"可寒号鸟却说："你简直太吵了，这样好的天气最适合睡觉了。"

树上的叶子早已落光了，冬天来了。北风呼呼地刮了起来，喜鹊一点也不发愁，因为他有一个非常温暖的窝。

可寒号鸟就不一样了，除了身上那漂亮的

羽毛，他几乎一无所有。风这样大，他只好钻进了石缝中，现在他已经被冻得瑟瑟发抖了。他悲哀地叫道："多么寒冷的天，明天我一定垒窝，明天我一定垒窝。"

第二天清晨，风不再刮了，太阳出来了。喜鹊对寒号鸟说："你瞧，今天天气多好，最适合垒窝了，你怎么还不起来？"寒号鸟就好像什么都没听到一样，翻了翻身，又睡着了。

天气一天比一天冷，已经下雪了，大地就好似被铺上了白色的地毯一般。北风依然在刮着，像狮子一般吼叫着，往日流淌的河水早已结了冰。这时候的崖缝已经变得和冰窖一般寒冷。

喜鹊已经睡着了，因为他的窝简直太温暖，太舒适了。可寒号鸟却只能够躲在石缝里。尽管他的羽毛看起来十分美丽，可那又有什么用呢，美丽又怎能够战胜得了严寒。

现在毕竟是冬天，还是温暖的窝看起来更

为实际。不知过了多久，可怜的寒号鸟在寒冷中孤独地死去了。

直到有一天，大地上的柳枝发了新芽，河里的冰开始融化，喜鹊才想起他的邻居寒号鸟，喜鹊飞到了寒号鸟的家，这才发现从前那只美丽的鸟儿已经被冻死了。

"妈妈，寒号鸟真是没心没肺，没有窝也不想着垒窝，难怪最后会被冻死！"小煜听完故事后说。

"寒号鸟不愿意垒窝，不是因为他没心没肺，而是因为他懒惰。"我告诉小煜说。

"寒号鸟不仅懒惰，他还臭美呢！"小煜气愤地说。

我笑着告诉她，没错，寒号鸟确实过于高看自己的优势，却不努力，最后导致悲剧的发生。

我的孩子也生来美丽，但是我从不向她灌输"美丽至上"这种观点，我总是告诉她，美丽是一种礼物，却不是懈怠的借口。

南京市李香煜妈妈　李富秋

小朋友，关于这个故事你有什么话要说，写到下面吧！

诗歌欣赏

下面几首是关于懒惰的诗歌，都是一些经典诗歌，请大家记住哦。

《醒世恒言》

明·冯梦龙

富贵本无根，

尽从勤里得。

请观懒惰者，

面待饥寒色。

《明日歌》

明·文嘉

明日复明日，明日何其多。

我生待明日，万事成蹉跎。

世人若被明日累，春去秋来老将至。

朝看水东流，暮看日西坠。

百年明日能几何，请君听我明日歌。

《夜》

宋·刘应时

入夜雨声细，小窗灯影寒。

僻居成懒惰，饱食幸平安。

时事不复问，旧书时一看。

欣然会心处，香烬一炉残。

《正月十五惜春寄袭美》

唐·陆龟蒙

六分春色一分休，

满眼东波尽是愁。

花匠凝寒应束手，

酒龙多病尚垂头。

无穷懒惰齐中散，

有底机谋敌右侯。

见织短篷裁小楫，

拏烟闲弄个渔舟。

小鸡和小鹅

从前，小鸡和小鹅是很好的朋友，他们都会游泳，并且都想成为优秀的游泳健将。

春天，外面下起了蒙蒙细雨。

小鹅对小鸡说：“喂，朋友，我们出去游泳吧！”

小鸡摇摇头，说：“你瞧，今天天气简直太糟了，要是今天出去游泳，我恐怕就要变成落汤鸡了。”

可小鹅却满不在乎地说：“没关系的，我想这点雨并不会对我们出门游泳造成什么影响。”说着，小鹅便独自迎着风雨，出门练习游泳去了。

转眼间，便到了夏天，烈日炎炎，小鹅对小鸡说：“喂，朋友，我们出去游泳吧！”

可小鸡却说：“现在湖水已经被太阳晒得滚烫，要是现在跳进水中，一定会很不舒服！我看还是改天吧！”

小鹅听了小鸡的话，不愿再说什么，只好默默地出了门，不顾湖水的酷热，游了起来。

秋天，小鹅对小鸡说：“喂，朋友，现在我们可以去游泳了吧？”小鸡急忙缩缩脖子，说：“现在就更不是时候了，天已经这样冷了，我可不愿忍受冰凉的湖水。”

小鹅依旧不在乎这些困难，迎着寒冷，游起泳来。

冬天，小鹅又对小鸡说：“喂，朋友，一年就要过去了，你也该练一练游泳啦！”

小鸡望着外面的大雪，说：“现在天气要比

秋天冷得多，要是现在出去游泳，我恐怕就要被冻僵了。”

可小鹅却一点也不在乎地迎着风雪，游了起来。

一年又一年过去了，不管小鹅怎么说，小鸡总是能够找出各种理由，不愿走出门去。这样一来，小鸡的游泳功能便退化了，他再也游不起来了。

可小鹅却排除所有困难，成了著名的游泳健将。

和爸爸、妈妈一起分享

小鸡和小鹅的行为、结局，形成了鲜明的对比，十分具有教育意义。

给孩子讲完这个故事以后，我还笑着说：你可不要当懒惰的小鸡哦！

她信誓旦旦地表示自己是非常勤劳的，可是没几天她就忘在了脑后，上学起床总是拖拖拉拉的。

我就买了一只毛茸茸的小鸡送给她，原本是想提醒她，不要懒惰。没想到她竟然很喜欢小鸡，并且细心地照料起来，从那以后，确实勤快了不少。

我把这件趣事记录下来，以后整理成回忆录，让长大的她看看自己小时候多糗。

哈尔滨市刘嘉琦爸爸　刘贺

小朋友，关于这个故事你有什么话要说，写到下面吧！

轻松一下 Game

猜字谜

1.大可大可，怪事真多。

2.目旁有人民，休息才安心。

3.说字没了言，找月诉苦怨。

4.岗下了山，拿把刀要去割。

5.一下来了竖钩，甲乙丙后面靠。

6.齿和令来组合，今年几岁快快说。

7.这头牛真是犟，头上犄角丢一旁。

8.大要骑在亏头上，小孩见了笑哈哈。

9.元字戴上宝字帽，不怕下雨见成效。

10.这个虫子真厉害，吃了楚字的脑袋。

11.看着像白不是白，十个十个数出来。

12.借去人，换回金，办事一定要认真。

13.金字占去我一边，还在身上插一杆。

14.目一到，良摘帽，人人用它看世界。

15.摘去手，水来忙，水儿穿石力量强。

16.一手来把夫人换，小心摔倒看前面。

17.言和方团聚就是忙，记者话筒递嘴旁。

答案：1.奇　2.眠　3.脱　4.刚　5.丁　6.龄
7.午　8.夸　9.完　10.蛋　11.百　12.错
13.钱　14.眼　15.滴　16.扶　17.访

三个纺纱女

从前，有个女孩长得很美丽，但她十分厌恶纺纱。

一天，她的妈妈又让她纺纱了。呜呜呜……女孩哭了起来。碰巧王后从这里经过，王后问："这位女士，你的孩子为什么哭了？"

女孩的母亲只好说："我的女儿非常喜欢纺纱，可我家里穷，买不起那么多亚麻。"

"要是这样，就让你的女儿跟我回王宫吧。王宫里的亚麻多着呢，足够你的女儿纺了。"王后说完，就让女孩坐上马车，随她回了王宫。女孩被领到了三间仓库跟前，这里的亚麻真是多极了，已经堆成了小山。

王后对女孩说："如果你能将这里的亚麻全部纺完，我就让你嫁给我的王子。"

女孩暗暗地想："这里的亚麻简直太多了，可我根本不会纺纱，要将这里的纱全部纺完，还真不是一件容易的事。哎，我到底该怎么办呢？"

呜呜呜……

女孩望着堆成山的亚麻哭了起来。

就在这时，从窗前走

过三个女人。第一个女人的脚板又宽又平。第二个女人的下嘴唇很长，已经耷拉到了下巴上。第三个女人的大拇指非常宽，宽度是常人的一倍。

"我可怜的孩子，你在哭什么，你到底怎么了？"三个女人问。

女孩对三个女人诉说了自己的苦恼，三个女人说："漂亮的女孩，别担心，就让我们来帮你吧。"

"这里的亚麻这样多，你们又怎么能够纺完呢？"女孩问。

"这个就不劳你费心了，我们纺得很快，这对于我们根本不是一件难事。"三个女人回答说。

"要是那样简直太好了，那就请你们帮助我吧！"女孩说。

三个女人说："我们当然可以帮助你，不过你必须要答应我们一个条件。"

“什么条件？”女孩问。

“请允许我们三个以你表姐的身份，去参加你和王子的婚礼。”

女孩说：“十分愿意，我可以答应你们。”

三个女人开始忙了起来。她们一个踏纺车，一个舔麻线，一个捻麻线。

每当王后前来检查女孩是否在纺纱时，女孩都会让她们藏起来，王后看到纺好的纱时总会说：“你干得不错，你纺出的纱简直太精美了。”

仓库里的灯火一日复一日地亮着，不知过了多少个昼夜，麻线终于被全部纺成了纱。

三个女人说：“美丽的女孩，纱我们已经纺完了，到你兑现承诺的时候了，希望你不要忘了我们之间的约定。”

看到纺好的纱，王后兑现了她的承诺，如期为王子和女孩举行了婚礼。

女孩对王后说：“尊敬的王后，我有一个请

求，可以和您说说吗？”

“当然可以了。”王后说。

“我可以邀请我的三位表姐来参加我的婚礼吗？她们曾在我最困难的时候帮助过我，我多么希望她们能看到我幸福。”

“要是那样，你就把她们请来好了。”王后说。

婚礼当天，有三个奇怪的女人从远处赶来。

“亲爱的表姐，感谢你们的到来。”女孩说。

“原来，她们是你的表姐，那我应该和她们

打个招呼。”王子说。

看到三个女人，王子很是惊讶。他问第一个女人：“为什么你的脚板又宽又平？”

女人说：“是日日踏纺车弄的。”

听完第一个女人的话，他又问第二个女人：“为什么你的下嘴唇是那样的长？”女人说：“是日日舔麻线的缘故。”

接着，王子又问第三个女人：“为什么你的大拇指这样宽？”女人说：“是日日捻麻线造成的。”

“看来纺纱，真是一件苦差事，我要我的新娘永远美丽，我再不要她纺纱了。”王子说。

纺纱女孩讨厌纺纱，却得到了三个女人的帮助，快速完成了纺纱的工作。

可见，做工作的时候，要量力而行，实在无法完成的工作可以寻求其他人的帮助，这并不是懒惰的表现。

我也会告诉孩子，在遇到自己不能完成的任务时，向家人、老师、警察等寻求帮助并不是懦弱的行为。相反如果做不到，却害怕丢面子一直不说，以至于延误处理事务的时机，才是非常不好的。

希望各位家长在教育孩子不懒惰的时候，不要矫枉过正，过犹不及，这样更不利于孩子成长。

北京市于蛟洋爸爸　于立峰

小朋友，关于这个故事你有什么话要说，写到下面吧！

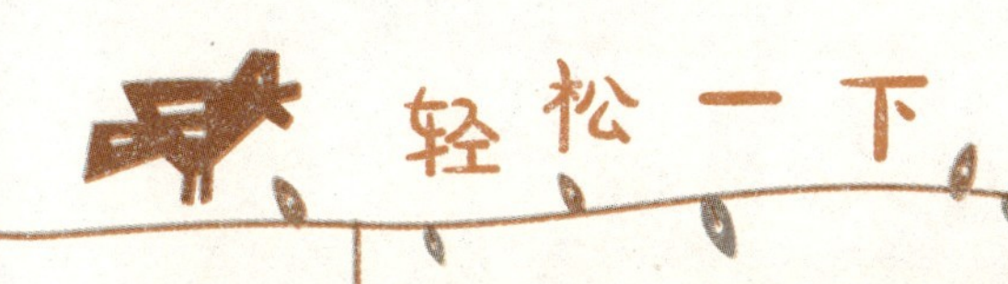

找不同

下面两张图片中有7处不同，请你找出来。

巨人和裁缝

从前有一个裁缝，他什么都不会做，但他却把自己说得厉害极了！

这个裁缝不仅喜欢吹牛皮，他还十分懒惰。在裁缝店的时候，无论老板让他去做什么事情，他总是推脱不愿意去。

他的口头禅是："让我做这事情，真是大材小用！"

忍无可忍的老板终于将他辞退了，裁缝决定去周游世界。一天，这个裁缝在森林里遇见了一个巨人。这个巨人长得很高大，力气也大得

不得了，裁缝和这个巨人一比简直矮小极了。

巨人见到裁缝觉得很惊讶，便问道：“你这小东西，到底在做什么？”

裁缝说道：“我好饿，想在森林里找些东西吃。”

巨人说道：“要是你愿意做我的仆人，我一定给你吃不完的好东西！”

裁缝虽然有点不情愿，但一想到有好吃的，还是答应了。这个裁缝的命运到底怎样，恐怕现在还无法预料！

第一天，巨人渴了，便对裁缝说道：“小东西，你去打些泉水回来。”

这个爱吹牛皮的懒惰裁缝说：“我一定让所有的泉水都来到

你的身边。”他心想：“巨人听到这话，一定会害怕，到时候肯定不用我打水了，那我就不用动弹了，真是太棒了！”

果然，巨人听后吓了一跳，说：“那可不行，那样我不是会被泉水包围，那可不行，算了，你还是不要去了！”

过了一会，巨人觉得肚子有点饿，对裁缝说道：“小东西，要是你能打死几头野猪带回来，那简直是太好了！”

裁缝听后，为了能够偷懒又开始吹牛了：“只

要一枪，我就能让一千头野猪瞬间倒下。”

巨人听后，又非常害怕，说道：“那可不行，一千头野猪，那将是多么大的场面，一千头野猪都死在我面前，那该有多么可怕，算了，你还是不要去了！”

巨人想：“虽然我长得高大，力气也很大！但我的胆子和我的身材一点不匹配，我的胆子真是太小了！看来这个裁缝真的不能再继续留在我身边。他是一个多么令人讨厌的家伙！”

巨人终于想出了一个主意。他对裁缝说道：“亲爱的伙计，这里的风景简直太美了，你真应该仔细看看，就请跟我一起欣赏吧！”裁缝听后很高兴，跟随着巨人到处欣赏美丽的景色。

巨人对裁缝说道：“你瞧，这里的柳树多美啊，要是你能够爬到柳枝上表演给我看，那一定会是一幅美丽的画卷！”

裁缝听完巨人的话便爬上了柳枝。结果那柳枝太纤细了，裁缝把它压弯了，但却没能使其折断。最后那个爱吹牛皮的裁缝被弹飞了起来。要是你想找到他恐怕要去云端了。

巨人看着裁缝被弹飞远去的样子，别提多开心了。巨人心中暗自庆祝：我终于摆脱了这个可怕的家伙，再也不用担心他做出什么令我意想不到的事情来了，再也不用为他的所作所为感到害怕了。

而裁缝也由于自己的懒惰，失去了能够给他提供食物的人，不知道这个懒惰的裁缝，会不会吸取教训，不再懒惰了？

和爸爸、妈妈一起分享

故事里的裁缝真能吹牛！原以为爱吹牛只是大人的专利，因为我的爸爸就比较爱吹牛，总是一副什么都难不倒的样子。

现在我发现我们班里爱吹牛的同学也很多。李宇皓就是个吹牛大王，他总是喜欢炫耀自己，穿的衣服是什么名牌，去了国外什么地方，都要一遍一遍说个没完。

因为这个，我还和他闹过矛盾。我实在是看不下去了，就给他起了外号"吹牛皮号"，回家妈妈还批评我，不该给同学起绰号。哈哈！

齐齐哈尔市小五(3)班 王雨航

小朋友，关于这个故事你有什么话要说，写到下面吧！

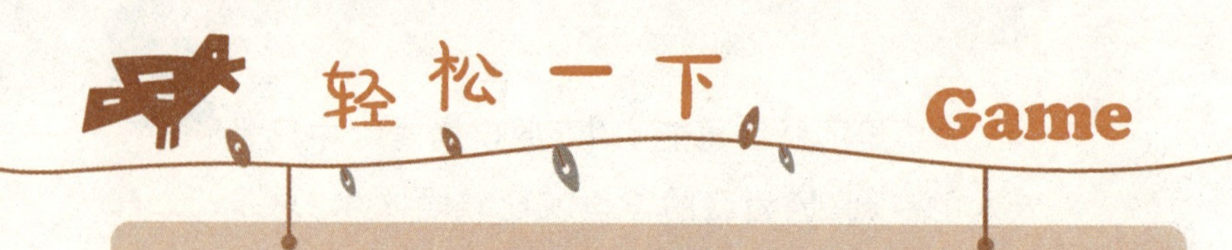

世界各国关于懒惰的名人名言

美国

懒惰乃万恶之源。

英国

懒惰是愚者的休暇。

德国

懒惰是生活的死亡。

加拿大

懒惰乃生者之墓。

意大利

懒汉从来没有时间。

法国

懒惰等于把一个人活埋。

阿富汗

偷闲不是良药而是毒剂。

朝鲜

懒汉就是靠在井边也会渴死。

成语游戏

请你仔细观察，在空格中填上正确的字。

	成	身	退
	才	兼	备
	伤	大	雅
	力	而	行

	襟	危	坐
	公	无	私
	怪	陆	离
	察	秋	毫

	猫	画	虎
	成	身	退
	尸	走	肉
	心	悦	目

	落	归	根
	诸	同	好
	大	喜	功
	飞	凤	舞

驮盐的驴

从前，有一个商人，他运送货物主要依靠毛驴。每天清晨，商人赶着驴来到集市上叫卖，到了傍晚再赶着驴回家。商人对这样的生活感到十分满足。

一天，商人望着蓝天说："今天天气真是好极了，要是今天到城里卖盐，生意一定会很好。"

于是，商人把盐袋子放在驴背上，赶着驴向城里的方向走去。

路上，商人和驴经过了一条河，驴脚底一滑，扑通一声掉进了河里。有一些盐从袋子里

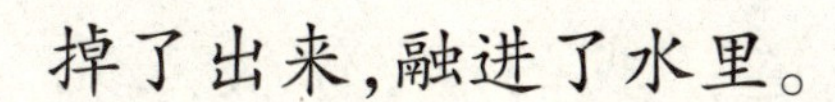

掉了出来,融进了水里。

那头驴从河里站起来的时候,感觉身上轻松了许多。他暗暗地想:“看来,掉进河里也并非坏事,身上的货物竟然变轻了。我想以后每次运货,我都可以用这个办法试一试。”

商人来到城里时,街上站满了人,集市上很热闹,没过多久商人便把盐卖完了。

商人卖掉盐后,又买了许多棉花回去。他高兴地说:“驴,现在我们可以回家了,这是多么美好的一天。”

商人把棉花捆在驴背上,那头驴感觉到身上的货物一点儿也不重,然而他并没有感到满足,他暗暗地想:“我还希望货物可以更轻些,所以一会在过河时,我要再跌倒一次,这样我背上的东西一定可以变得更轻。”

那头驴默默地盘算着,终于来到了河边。他装出一副不小心跌倒在河里的样子,扑通一声倒在了河里。

商人见了，急忙喊道："我的驴，你快点儿站起来吧！我的棉花就要被河水打湿了。"

可驴就像什么都没有听到一样，在河里躺了下来。

驴在河里泡了一会儿，挣扎着想要从河里站起来，却无论如何也办不到。

驴沮丧地说："真是奇怪，为什么这一次我掉进河里，我背上的东西反而变重了？重得我都没有办法从河里站起来。"

原来，棉花吸足了水分，重量可以增加到原来的几十倍。

驴子挣扎了很久，都没能站起来，商人站在岸上，无能为力。

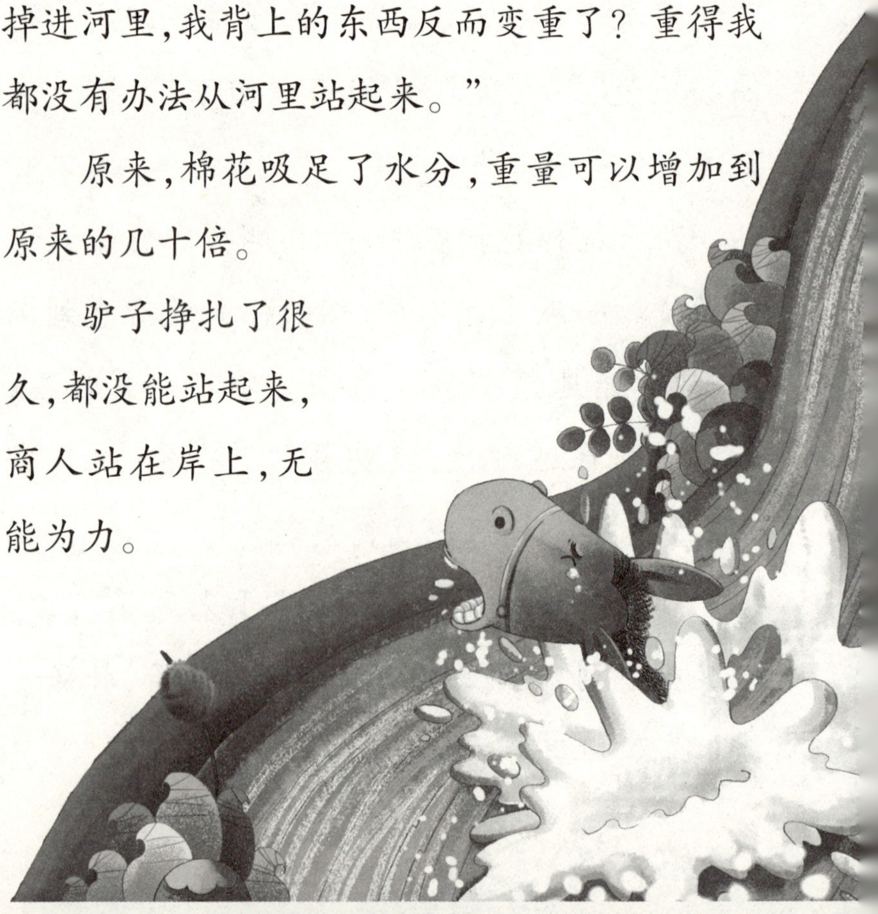

终于，驴子挣扎着用完了最后一点力气，他慢慢沉入水底，被河水冲向远方，淹死了。

商人无奈，只好独自一人回家了。

驴的悲剧在于他的懒惰。由于尝到了盐掉进水里会溶解，货物可以变轻这种甜头。驴以为只要掉到水里，货物就会变轻。

其实第二次运送货物的时候，棉花本身并不重，但是驴贪婪、懒惰的本性，让他并不满足。

于是他的悲剧发生了，棉花不同于盐，不会在水中溶解，相反，棉花会吸水，在水中会变得更重。

从驴子的事情，我们能够看出贪婪、懒惰这些坏品质所带来的坏影响。所以我经常告诫我的孩子，不要懒惰、不要贪婪，更加不能为了懒惰而做一些投机取巧的事情。

天津市任玥妈妈　张立坤

小朋友，关于这个故事你有什么话要说，写到下面吧！

轻松一下 Game

成语之最

你知道吗？在成语大家庭里，还有许多最有资历的成语，它们是那么与众不同。

1. 最长的寿命——（　　　　）
2. 最远的地方——（　　　　）
3. 最大的区别——（　　　　）
4. 最难做的饭——（　　　　）
5. 最荒凉的地方——（　　　　）
6. 最惊人的气候——（　　　　）
7. 最绝望的环境——（　　　　）
8. 最有分量的话——（　　　　）
9. 最没用的作为——（　　　　）
10. 最快的季节变化——（　　　　）

答案：1.万寿无疆 2.天涯海角 3.天壤之别 4.无米之炊 5.不毛之地 6.晴天霹雳 7.山穷水尽 8.一言九鼎 9.一事无成 10.一日三秋

纺锤、梭子和缝衣针

从前，有个女孩，在她小的时候，她的父亲和母亲就去了天国。

女孩有一个教母，教母看到女孩的处境，心想："她真是太可怜了。一个人在这世上生活一定很孤单，也很艰难，我应该帮助她。"

于是，好心的教母把女孩带回家中抚养。尽管教母并不富有，平时只能依靠纺纱和织布勉强维持生活，可她还是精心照料、教育着女孩。

教母教会了女孩做针线活儿、纺纱和织布。

女孩渐渐长大了，成了一个既善良而又虔诚的人。

女孩和教母在一起生活十分幸福。然而，在女孩十五岁的时候，她的教母也去了天国。

教母在生命的最后一刻，对女孩说："可怜的孩子，我再也不能陪伴你、照顾你了。希望这间屋子能为你遮风挡雨，希望纺锤、梭子和缝衣针能让你过上好日子。只要你心地纯洁善良，幸运就一定能降临在你头上。"

女孩听从了教母的教诲，开始独自一人勤劳地纺纱、织布、做针线活儿。

尽管，女孩的教

母已经离开她很久了，女孩在这世上已经没有了亲人，可她并不感到孤单，勤劳的工作也让她免于饥饿的折磨。

她每天不停地织布、纺纱、做针线活。每当她织完一块布，便会有人出高价买走。她不仅没受穷，而且还帮助穷人。

一天，王子来到了女孩所住的村庄，想要寻找一位"最贫穷却又最富有"的姑娘做未婚妻。

村民们把村庄里最富有的姑娘带到王子面前，这位姑娘穿着十分美丽的衣服，微笑着向王子行礼。可王子似乎对她并不满意，他只看了她一眼，便摇摇头，走开了。

村民们又把王子带到了没有亲人、独自一人生活的女孩家里。这时候，女孩正坐在纺车前纺纱。

女孩发现王子在看自己，急忙继续纺纱，直到王子离开了才停下来。

王子刚一离开，女孩就跑到窗前，紧紧盯

着王子的背影叹息道:“我的心上人呀,你越走越远,恐怕我再也不能见到你了。”

纺锤似乎听懂了女孩在说什么,它突然从她手中滑落,飞似的跑出门去。

纺锤穿过农庄,跑过田野,拖着耀眼发光的金线一直来到王子身旁。

王子望着纺锤,吃惊地说:“小纺锤,你到底要去哪里?你是要给我带路吗?我真好奇,你会把我带到什么地方。”

而此时女孩手中的梭子也变得不听使唤了,它蹦跳着跑到门口,不一会儿就织了一块

世界上最漂亮的地毯。地毯上的百合花和玫瑰花微笑着，像是在迎接王子。

田野里的小兔子、小鹿、小松鼠也都跑了过来，它们似乎是要为王子和美丽的女孩送上祝福。

女孩被眼前的一幕惊呆了，她手上的针也从她手指间滑落。可是这根针并没有掉落在地上，它轻巧地跳了一下，在小屋里跑来跑去，东缝缝、西绣绣。转眼之间，桌子和长凳就被罩上了绿色的织锦，椅子被罩上了美丽的天鹅绒，墙上挂满了丝绸装饰品。

这时，女孩透过窗子看到王子来到窗前。经过梭子和针的精心打扮，小屋变得金光闪闪的，尽管女孩依旧穿着十分普通的衣服，却被映衬得格外美丽，就像一朵娇艳欲滴的玫瑰花。

王子走进小屋对女孩说："美丽的女孩，感谢上帝的指引，你就是我想要找的人，你就是最贫穷却又最富有的人，你愿意和我回到王宫，做我的妻子吗？”

女孩没有回答，却把手伸向了王子。王子牵着女孩的手，带着女孩离开了村庄，回到了王宫。

他们在王宫里结了婚，还举行了一场十分盛大的婚礼。而纺锤、梭子和缝衣针都被珍藏了起来，它们一直待在王宫的宝库里，再也不需要出来工作了。

“这个故事主要是想说明：女孩用自己的勤劳赢得了王子的心，鼓励人们要勤劳，才会有收获。”子炀读完故事总结说。

我点点头，告诉他：“子炀也要勤劳呀！”

“首先要说明，我并不懒惰，其次，我不需要用勤劳赢得什么，以故事为例，我就不需要赢得公主的心。所以勤劳不勤劳没关系。”子炀一本正经地说。

我想了一下，告诉他：“你可以做一个勤劳的王子，哈哈，男孩子勤快一点才对嘛。”

在他想说他不想成为王子前，我急忙借口溜掉了。哎，现在的小孩真是不好对付。

哈尔滨市张子炀爸爸　张云广

小朋友，关于这个故事你有什么话要说，写到下面吧！

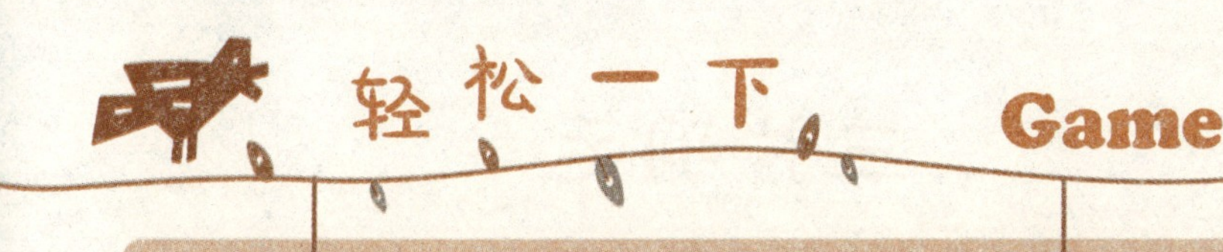

文学小常识

★如何记住中国的众多朝代呢？有一句顺口的小诗，可以帮助我们记忆。

朝代歌

尧舜禹夏商周，春秋战国乱悠悠。

秦汉三国晋统一，南朝北朝是对头。

隋唐五代又十国，宋元明清帝王休。

★中国古代朝代更替的依次顺序：

夏朝→商朝→周朝→春秋→战国→秦朝→汉朝→三国→晋朝→南朝→北朝→隋朝→唐朝→五代→十国→宋朝→元朝→明朝→清朝

三片羽毛

很久以前，有位国王，他的年纪已经很大了，身体一天比一天虚弱。国王心里想：或许我应该休息一下了，让我的儿子继承王位，可我到底该把王位传给谁呢？

于是，他把三个儿子叫到身边，说："你们一定都想继承王位吧，要是你们真想继承王位就证明给我看吧。现在就请你们按着羽毛指示的方向，去寻找地毯。谁带回来的地毯最漂亮，我就把王位传给谁。"

在这三个儿子中老大和老二很聪明，老三

却显得很笨拙，不善于表达。

国王将三片羽毛吹向天空，第一片羽毛朝东飞去，第二片羽毛朝西飞去，第三片羽毛直接落到了地上。

大王子和二王子对小王子说："亲爱的弟弟，你就留在本地慢慢寻找吧。我们十分期待你能够找到什么好东西。"大王子和二王子说完便走了。他们一个去了东面，一个去了西面。

小王子看了看地上的羽毛，心中不免有些难过。

不过小王子似乎并没有受到什么影响，他仔细地开始寻找地毯。他发现在羽毛旁边的地板上，竟然有扇暗门。

小王子暗暗地想："上帝哟，您这是在指引我该到什么

地方去吗？要是那样，您对我简直太好了。”

于是，小王子掀开门板，走了下去。

走过地下通道，小王子来到了一座地下宫殿前。宫殿里的一只大青蛙热情地对小王子说：“尊贵的客人，请问您需要帮助吗？我非常愿意为您效劳。”

小王子说：“我想要这世界上最漂亮的地毯，可我却不知道到底该去哪里寻找。”

青蛙说：“您完全没有必要发愁，我这里正好有一块很好的地毯，要是您喜欢，就请带走吧。”

小王子看到青蛙拿出的美艳绝伦的地毯，高兴地说：“感谢你的好意，真不知道我能为你做点什么。”

“就请您再次到来吧，这就是对我的答谢。我想我们会再见面的，要是您还有事，就请去忙吧。”青蛙说。

“那么，请允许我暂时离开这里。”说完，小

王子便带着美丽的地毯回到了王宫。

再说说大王子和二王子吧，走出皇宫后，他们虽然前往了不同的方向，可心思却是一样的。

大王子和二王子心想：“要想寻找到一块精美的地毯，恐怕要花费很多的时间和精力，那样简直太累了。倒不如在这附近随便买一块地毯，带回去好了。不管怎样，我们都不会输给那个不太聪明的弟弟。”

于是，大王子和二王子没有仔细寻找，他们直接从牧羊人的妻子手中，买了一块地毯便回到王宫了。

现在，三个王子都回来了。他们对国王说：“亲爱的父亲，请看看我们带回的地毯吧。”

国王说：“我真好奇，你们到底带回了怎样

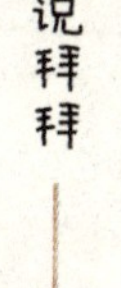

的地毯？但愿你们都用心寻找，用心对待我交给你们的任务了。”

国王拿起大王子和二王子带回的地毯，只看了一眼便皱起了眉头，他失望地说：“你们带回的地毯简直太粗糙了。”

这时，他拿起小王子带回的地毯看了看，脸上露出了一丝微笑。他缓缓地说：“只有小王子带回的地毯能令我感到满意，我愿意将王位传给我的小王子。”

大王子和二王子对这一结果并不认同，他们对国王说：“亲爱的父亲，请再给我们一次机会吧，我想我们不会再令您失望了。”

国王思索了片刻，说：“那么，你们就再次追随着羽毛指示的方向，去寻找这世上最为漂亮的戒指吧。你们三个谁带回的戒指最漂亮，我就把王位传给谁。”

说完，国王再次将三片羽毛吹向天空，它们一片飞向了东面，一片飞向了西面，一片直接落到了地上。

大王子和二王子对小王子说："上一次不过是我们疏忽了，这一次我们倒要看看你将带回怎样的一枚戒指。"

他们分别找出了一枚看起来有些破旧的古董戒指，向金店走去了，准备将戒指精心打磨一番。

小王子依旧来到了青蛙那里，对青蛙说："你愿意帮助我吗？我想要这世上最漂亮的戒指，可我却不知道该去哪里寻找？"

青蛙说："您完全没有必要为这件事着急了。我这里有一枚合适的戒指，要是您需要，就请带走吧。"

"感谢你的好意，我多么希望为你做点什么，可我还有一些事情没有办完，请允许我暂时离开这里。"小王子说。

说完，他便带着戒指回到了王宫。

这时候，大王子和二王子也回来了。国王看了看三位王子带回的戒指，说道："这次依旧只有小王子带回的戒指令我感到满意，看来只有小王子能够继承王位。”

大王子和二王子又说：“尊敬的父王，难道您不认为您的结论下得有些早了吗？”

国王听完他们的话，无奈地说：“那么你们就去寻找这世上最美丽的姑娘吧，你们三个谁带回的姑娘最美丽，我就把王位传给谁。”

国王将三片羽毛吹向天空，和前面两次相同，一片羽毛朝东面飞去，一片羽毛朝西面飞去，一片羽毛直接落到了地上。

小王子又一次来到了青蛙那里，对青蛙说出他的请求。青蛙立刻变成了一位美丽的姑娘和小王子一起回到了王宫。

这次大王子和二王子吸取了教训，他们认真寻找，把全国美丽的姑娘都看了一遍，最终选择了两位他们认为最漂亮的姑娘。然而这两位怎么也赶不上青蛙姑娘漂亮。

当国王看着三位王子带回的姑娘时，说

道:“这一次依旧只有小王子将任务完成得最漂亮,正如他带回的美丽姑娘一样漂亮,我决定让小王子继承王位。”

于是,国王坚决地把王位传给了小王子,并举行了盛大的加冕仪式。小王子和青蛙变成的姑娘一起统治着王国,过上了幸福的生活。

和爸爸、妈妈一起分享

“小王子运气真是好。”心怡说。

“那是因为小王子认真负责地完成了国王交给他的任务。其他两位王子一直在敷衍，所以才不能够继承王位的。”我说。

“确实，不过小王子运气实在好，能够碰到青蛙帮助他。”心怡坚持自己的想法。

“好运气会垂青勤劳的人哦！心怡想要好运气吗？要勤劳起来呀！”我说。

“好吧，为了好运气，我会试试的。”心怡小声说。

真是个直爽又可爱的好孩子！

上海市朱心怡爸爸　朱更海

小朋友，关于这个故事你有什么话要说，写到下面吧！